DUMONT DIREKT

Oslo

Marie Helen Banck

Inhalt

Das Beste zu Beginn

Im Herzen grün
Die Osloer lieben ihre Natur: am Abend in High Heels und schicken Hemden in mondänen Etablissements Cocktails schlürfen, tags darauf mit Wanderschuhen durch das weitläufige Waldgebiet Marka laufen und sich einen Platz am Strand auf einer der Inseln oder auf Bygdøy suchen.

Über Flohmärkte schlendern
Am Wochenende lockt ein Besuch auf einem *loppemarked*. Zeigt sich das Wetter gnädig, sollte dem *Birkelunden bric-a-brac market* ein Besuch abgestattet werden. Im Blå kann man auch bei miesem Wetter auf dem Sonntagsmarkt Kunsthandwerk, Designobjekte und allerlei anderes erstehen.

Baden mit Blick auf die Skyline
Seit 2015 ist der Stadtstrand fertig und das Freiluftbad Sørenga Sjøbad seitdem einer der beliebtesten Badespots der Stadt. Er ist sogar so beliebt, dass Leute für ein Plätzchen anstehen – bei einer Stadt am Fjord mit vielen Bademöglichkeiten und Inseln ein schier unglaubliches Phänomen.

Der frühe Vogel fängt die Krabbe
Die frischesten und leckersten Krabben findet man in Oslo direkt am Hafen (hinter dem Rathaus). Ab 7 Uhr morgens geht es los. Noch auf dem Kutter kochen die Fischer die frisch gefangenen Meeresköstlichkeiten. Genossen werden die *reker* mit etwas Zitrone oder – typisch norwegisch – mit Mayonnaise auf frischem Brot. Wer den Dreh beim Pulen raus hat, könnte sogar satt werden.

Politischer Kaffee im Blitzhuset
Im einst besetzten Blitzhaus trifft sich die linke Szene Oslos. Hier befinden sich auch ein politischer Buchladen und ein Café mit vegetarischen und veganen Speisen. Beim Fairtrade-Kaffee oder dem wohl günstigsten Abendessen der Stadt darf dann gerne die Weltrevolution geplant werden.

Auf der Suche nach einem norwegischem Wollpulli ...
... kann man leicht arm werden, besonders, wenn man sich in ein handgestricktes Exemplar verliebt. Gewiefte Reisende versuchen ihr Glück in einem der vielen Secondhandläden. Die zwei UFF-Läden im Zentrum haben eine große Auswahl, hier findet jeder seinen Lieblingspulli oder eine Rüschenbluse oder ...

!

Zum Schrei(en)
Fast jeder kennt es – das berühmteste Motiv von Edvard Munch: der Schrei. Es hat es schon längst aus den Galerien in die Popkultur geschafft und ist Vorlage für die Pose von »Kevin allein zu Hause«, die Scream-Maske und eines der beliebtesten Emojis der Smartphone-Benutzer. In Oslo gibt es drei der vier originalen Versionen des Bildes zu besichtigen (Nationalgalerie, Munch-Museum zweimal) – zumindest eines davon sollte man gesehen haben.

Livemusik
Jazz, Metal, Klassik, Rock oder Elektro – Oslo ist voller Musik. Blå, Kulturhuset, Mir, Revolver und Herr Nilsen sind nur einige der besten Adressen. Zu Oslos größtem Event, dem Øya Festival, kommen über 60 000 Musik-Enthusiasten. Nichts wie hin!

Vorspiel im Privaten
Exorbitante Bierpreise: Machen Sie es einfach wie die Norweger. Die treffen sich vor dem Weggehen zum *vorspiel* (das heißt wirklich so) – das Pendent zu unserem sogenannten ›Vorglühen‹. Das ist kommunikativ, gemütlich und schont das Portemonnaie.

Oslo ist für mich seit meiner Kindheit Beginn und Ende einer jeden Norwegenreise. Dann cruise ich gemeinsam mit Freunden auf dem Rad am Fjord entlang, esse Krabben am Hafen und belohne mich abends mit einem Craft-Bier. Skål!

Fragen? Erfahrungen? Ideen?

Ich freue mich auf Post.

Mein Postfach bei DuMont:
m.banck@dumontreise.de

Das ist Oslo

Man kommt nicht umhin, die beeindruckende Entwicklung dieser kleinen Hauptstadt zu bewundern. Oslo hatte es wahrlich nicht leicht. Immer wieder brannte es ab. Mitte des 14. Jh. wütete die Pest, der fast die Hälfte aller Einwohner zum Opfer fielen. Danach wurde das geschwächte Land von den Dänen regiert und damit wirtschaftlich, militärisch und kulturell abhängig. Die folgende Union mit Schweden garantierte den Norwegern zwar mehr Selbstbestimmung, die echte Unabhängigkeit erfolgte aber erst 1905. Zu diesem Zeitpunkt war Oslo bitter arm und in vielerlei Hinsicht unbedeutend. Die ersten Touristen reisten meist gleich weiter gen Norden, angezogen von spektakulären Fjorden und reichen Lachsflüssen. Für Oslo interessierte sich kaum jemand. Dann geschah das Wunder: 1969 wurden Ölfelder vor Norwegens Küste gefunden und seither schwimmt das Land quasi im Geld. Die Entwicklung vom armen Land der Bauern und Fischer zu einer reichen, sorgsam wirtschaftenden, friedliebenden Industrienation rief und ruft Bewunderung hervor. In Oslo wird der Friedensnobelpreis vergeben, das Land ist politisch involviert bei diversen Friedensprozessen, äußerst engagiert in der Entwicklungshilfe, emanzipiert, egalitär, reich und sozial. So ist es kaum verwunderlich, dass Norwegen seit Jahren in der obersten Liga des Welt-Glücks-Reports der UN mitspielt. Die Menschen in Oslo wirken entspannt und zufrieden. Das mag auch an der vielen Natur liegen, denn im geografischen Zentrum rauschen die Wälder, vor dem Rathaus öffnet sich der Fjord – Oslo fällt als grünste Hauptstadt Europas aus jedem gewohnten Rahmen.

Outdoor-Paradies Oslo

Die Osloer sind Outdoor-Menschen, am Hafen hängen Angler erfolgreich die Rute in den Fjord und aus dem Fluss Akerselva werden zuhauf Forellen aus dem glasklaren Wasser gezogen. Bei den ersten Sonnenstrahlen strömen die Bewohner nach draußen, und plötzlich stehen auf den Gehwegen überall Stühle und Tische. Das erste Utepils, das im freien genossene Bier, wird wie ein schmerzlich vermisster Freund willkommen geheißen – egal wie teuer – und regelmäßig in einem eigenen Artikel in der Zeitung zelebriert. Das entsprechende Wetter gehört in Oslo zum guten Leben dazu. Mit einem Jahresdurchschnitt von 1691 Sonnenstunden und 763 mm Niederschlag ist es wesentlich sonniger und trockener, als man aufgrund der nördlichen Lage vermuten würde. München, zum Vergleich, kommt auf 1660 Stunden bei 855 mm Niederschlag. Doch Hochsommertage, die auch die Nächte mit einschließen, genießt man nur hier. Richtig dunkel wird es im Juni und Juli nämlich nicht in Oslo, dann steht die Sonne bis über 20 Stunden am Himmel. Sollte jetzt der Eindruck entstehen, dass Oslo etwas Ländliches, gar Bäuerliches hat, dann ist das richtig und doch so falsch.

Ambitionierte Architektur

Diesen Widerspruch wird man vielleicht nirgends besser gewahr als auf Tjuvholmen und der Aker Brygge, wo das ehemalige Werftgelände zu einem einzigartigen Viertel im glas- und chromreichen Architekturstil unserer Zeit

Summertime: In der warmen Jahreszeit zieht es die Osloer nach draußen.

umgestaltet wurde und mit dem Barcode (Strichcode) eine beeindruckend ästhetische Skyline entstand – irgendwohin muss ja auch das ganze Geld aus der Öl- und Gasindustrie. So entwickelt sich aus einer bis dahin eher altbackenen und nur leidlich interessanten Stadt eine plötzlich international wahrgenommene Metropole: Gerade in den letzten Jahren wurden in der Hauptstadt keinerlei Mittel gescheut, die gesamte Front zum Oslofjord architektonisch umzustrukturieren. So hat sich Oslo ein ganz neues Gesicht als hochkarätige und moderne Kulturmetropole gegeben, womit die norwegische Hauptstadt im Medium der Architektur nun auch Norwegens Entwicklung vom Bauernland zum Hightech-Staat, vom Aschenputtel Europas zu einer der reichsten Nationen der Erde widerspiegelt.

Cooler Cityblues

Vergangen sind auch die Zeiten, da hier gegen zehn Uhr abends die Bürgersteige hochgeklappt wurden. Vor 23 Uhr ist vielerorts nicht mal was los. Später dann und bis in den frühen Morgen dafür umso mehr, und mit geradezu exzessiver Hingabe wird hier, wo die größte Kneipendichte Skandinaviens herrscht, die Nacht durchgefeiert. Da finden sich einige der vielleicht kultigsten Bars und angesagtesten Clubs des ganzen Nordens. Die städtische Musikszene ist in den letzten Jahren regelrecht explodiert. Der Jazzszene von Oslo z. B. eilt der Ruf voraus, eine der innovativsten in Europa zu sein, und die Dichte von Black-Metal-Bands pro Einwohner wird weltweit kaum irgendwo übertroffen. Es ist diese einmalige Mischung, die Oslo so lebens- und liebenswert macht. Es scheint, als wolle diese Stadt alles sein: Naherholungsgebiet, Naturparadies, globale Metropole, tonangebend in der Musik- und Designszene, traditionsbewusst und hip zugleich. Überraschenderweise gelingt es »Uschlu«, wie die Osloer ihre Stadt nennen, auf eine geradezu unaufgeregte, entspannte Art.

Oslo in Zahlen

1
norwegischer Weihnachtsbaum steht jedes Jahr auf dem Londoner Trafalgar Square. Ein Geschenk der Osloer als Dank für die geleistete Hilfe während des Zweiten Weltkrieges.

2
Mal in Folge wurde Norwegen zum Land mit der höchsten Lebensqualität weltweit gewählt, Deutschland hat sich von Platz 11 auf 4 hochgearbeitet.

2,8
Mrd. Kronen soll Lambda, das neue Edvard Munch Museum, kosten.

5
Den 5. Platz belegte Oslo 2018 in der Forbesliste der teuersten Städte der Welt.

10
Wochen bezahlten Vaterschaftsurlaub gibt es in Norwegen, in Deutschland gibt es keinen gesetzlichen Anspruch darauf.

20
Std. Tageslicht beglücken die Osloer im Sommer.

30
% beträgt der Ausländeranteil.

59
Auf dem 59. Breitengrad liegt Oslo, ebenso wie St. Petersburg und Alaska.

77,6
% der Frauen in Norwegen sind erwerbstätig, in Deutschland sind es nur 68,8 %.

118
km lang ist der Oslofjord.

212
Statuen stehen im Vigelandpark, damit der größte von einem Künstler geschaffene Skulpturenpark der Welt.

242
der 454 km² Stadtfläche bestehen aus Wald – Rekord unter Europas Hauptstädten.

343
Seen laden in der Umgebung zum Baden ein.

1691
Sonnenstunden im Jahr – München kommt nur auf 1660.

4000
Jahre fahren die Norweger angeblich schon Ski – Sinnbild dieser Verbundenheit ist die Skisprungschanze Holmenkollen.

5000
Konzerte finden im Jahr statt, mehr als bei den größeren skandinavischen Nachbarn Stockholm und Kopenhagen.

1900000
Menschen leben im Großraum Oslo, ein Drittel aller Norweger.

4
Fußballfelder groß ist die Oper.

Was ist wo?

Generell kann man sagen, dass Oslo sich aufteilt in den wohlhabenderen Westteil Vestkanten mit den Vierteln Majorstua, Frogner und St. Hanshaugen und den ehemaligen Arbeitervierteln im Osten, Østkanten, mit den Vierteln Grünerløkka, Grønland und Tøyen.

Die offiziellen Stadtteile

Seit 2004 hat Oslo nicht mehr 27 Stadtviertel, sondern nur noch 17 *bydeler*.
In der Faltkarte dieses Buches sind die relevanten offiziellen Stadtteile allesamt verzeichnet, aber auch die gewachsenen Namen (in einer kleineren Schrifttype) sind aufgeführt, da sie teilweise noch einen höheren Bekanntheitsgrad haben. Für den Besucher sind eigentlich nur **Sentrum** (mit Aker Brygge), **Frogner** (mit Bygdøy) und **Grünerløkka** sowie die **Marka** interessant.

Oslos Stadtzentrum

Das jetzige **Sentrum** (🕮 Karte 2) schmiegt sich ans Nordufer des Oslofjords und erstreckt sich, grob gesagt, im Dreieck zwischen Hauptbahnhof, Schloss und der Festung Akershus. In diesem Bereich und seiner unmittelbaren Peripherie finden sich in einem Umkreis, den man problemlos zu Fuß bewältigen kann, nicht nur die meisten Sehenswürdigkeiten der Stadt, sondern auch mit einer Vielzahl an Hotels und Restaurants nebst Shopping-, Entertainment- und Nightlife-Adressen.

Karl Johans gate

Kernstück des inneren Zentrums und Schlagader der Stadt ist die prachtvolle Flaniermeile **Karl Johans gate** (🕮 Karte 2, G–J 4), die als Prunkboulevard erbaut wurde und in gerader, knapp 2 km langer Linie vom Hauptbahnhof zum Schloss führt. Majestätisch ihr Name und majestätisch auch das Gepräge dieser an edlen Shoppingadressen, Luxushotels und Spitzenrestaurants reichen Prachtstraße Oslos, die von einigen der prestigeträchtigsten Bauwerke der Stadt gesäumt wird, u. a. von Dom, Parlamentsgebäude, Nationalgalerie und zu guter Letzt dem königlichen Schloss.

Die Front zum Oslofjord

Nach der Karl Johans gate sollte man sich dem ›neuen‹ Oslo zuwenden, der Front zum Oslofjord. Geprägt wird diese als **Pipervika** (🕮 G–K 5/6) bekannte Uferzone von zwei Polen: Setzt im Osten die neue **Opera** (🕮 J/K 5) futuristische Architekturakzente, so bildet im Westen das weitgespannte Glassegel des **Astrup Fearnley Museum** (🕮 G 5) für Moderne Kunst einen weiteren interessanten Blickfang. Zwischen beiden Antipoden hat die 800 Jahre alte **Festung Akershus** (🕮 Karte 2, H 5) ihren Platz, die auch das Rathaus sowie das vis-à-vis gelegene und weltweit einzigartige **Nobel-Friedenszentrum** (🕮 Karte 2, G 4) im Blick hat.

Westendviertel Frogner, Majorstua und die Museumsinsel Bygdøy

Frogner (🕮 D–F 1–3) und **Majorstua** (🕮 E/F 1) werden von Villen dominiert und sind die Viertel mit den höchsten Mieten des Landes. Berühmt ist Frogner für seinen Skulpturenpark der **Vigeland-Anlage** (🕮 D/E 1/2), die wegen ihrer sprichwörtlichen Monumentalität weltweit kein Gegenstück kennt. Nur rund 2 km sind es von der zentralen Bucht Pipervika auf die von Badestränden umgebene und geradezu ländlich schöne Halbinsel **Bygdøy** (🕮 A–D 3–8), auf der einige der bedeutendsten Museen des Landes ihren Sitz haben. Minutenschnell gelangt man mit dem Fährboot oder Bus hinüber.

Im Osten: Grünerløkka, Grønland und Tøyen

Das ehemalige Arbeiterquartier **Grünerløkka** (🕮 K/L 1/2) ist das Szeneviertel der Stadt. Die Gentrifizierung ist zwar schon weit fortgeschritten, nichtsdestotrotz trifft man hier immer noch genug Studenten und Alternative, Hipster und Trendsetter in coolen Cafés und Kneipen. Auch in Sachen Shopping präsentiert sich dieses Künstlerviertel mit seinen Secondhandshops und Designerläden als das vielleicht interessanteste der Stadt. Außerdem sind da noch die vielen Parks, die Grünerløkka sein entspanntes Flair verleihen und zum Schlendern und Faulenzen einladen. Ein Gang entlang des Stadtflusses Akerselva führt vorbei an bezaubernden alten Backsteinfabriken mit überlebensgroßen Graffiti hinaus ins Reich der Natur, von der Oslo auf allen Seiten umgeben ist. Ein absolutes Highlight der Stadt ist das in **Tøyen** (🕮 K–M 3/4) gelegene Munch-Museum, das hier noch bis voraussichtlich 2020 beheimatet ist. Die Umsiedelung des berühmten Museums aus einer der ärmeren Gegenden an die neu entstehende Front zum Oslofjord wurde im Land kontrovers diskutiert, ist jedoch beschlossene Sache. Südlich von Grünerløkka liegt **Grønland** (🕮 L/M 5), die Heimat vieler Einwanderer und das multikulturelle Herz der Stadt. Bei manch einem Osloer ist die Gegend zwar etwas verrufen, aber sie lockt mit vielen Gemüseständen, bunten Schmuck- und Stoffläden, kleinen Restaurants und einer beeindruckend schönen Moschee.

Waldgebiet Nordmarka

Hier ist es, wo noch »ewig die Wälder singen« und nicht weniger als 343 Seen zum Baden einladen. Wanderwege und Langlaufloipen erschließen das meist enfach nur **Marka** (🕮 Karte 4) genannte ›Stadtviertel‹ Nordmarka, das bis über 600 m hoch aufragt und von **Holmenkollen** (🕮 Karte 5) gekrönt ist, der modernsten und berühmtesten Skisprungschanze der Welt. Also nichts wie rein in die Wanderschuhe, Badesachen nicht vergessen, und ab in die U-Bahn, die innerhalb von 32 Minuten hinaufführt auf das Dach der Stadt.

Kunst vom Pøbel

Mit kritisch hochgezogenen Brauen durch schicke Galerien und exquisite Museen zu schlendern, ist nicht jedermanns Szene. Aber in Oslo, besonders entlang der Metrolinien und in Grünerløkka, haben unbekannte und bekannte Künstler wie Dolk und Pøbel die Fassaden und Mauern der Stadt zu ihren Leinwänden gemacht und beeindruckende Graffitis und Street Art hinterlassen. Ein Streifzug durch die Seitenstraßen ist aufregend und völlig umsonst.

Frauenpower am Berg

Als der schillernde Geschäftsmann und Brauereibesitzer Christian Ringnes die Pläne für den Ekeberg-Skulturenpark vorlegte, schlug ihm keine Begeisterung entgegen. Der Größenwahn eines Milliardärs auf dem unbebauten Areal, Rückzugsort für Naturliebhaber? Doch das Projekt setzte sich durch und überzeugte mit rund 80 dezent im bewaldeten Gebiet verteilten Frauen-Skulpturen. Die Mischung von Wander- und Mountainbikewegen, Feminismus und Kunst von weltberühmten Künstlern wie Gustav Vigeland und Fernando Botero ist gelungen und sehr norwegisch.

Das gute alte Norwegen

Hinter der vielbefahrenen Straße Maridalsveien winden sich die zwei Straßen Telthusbakken und Darmstredet einen steilen Hügel bis zur Alten Akerkirche hinauf. Wer diese Abzweigung wählt, findet sich in einer anderen Welt wieder: Einer Welt mit zuckersüßen Holzhäusern aus dem frühen 18. Jh., üppigen Gärten und löchrigem Asphalt. Die Vögel zwitschern, die Rosen duften und manch einer verspürt eine stille Sehnsucht nach der guten alten Zeit. Hier trifft Geschichte auf Nostalgie und Norwegenkitsch.

Ihr Oslo-Kompass

#1
Königlich flanieren –
die Karl Johans gate

#2
Von Jazz bis Heavy Metal – **Oslos Zentrum bei Nacht**

#3
Alles auf Umzug
– **das neue Nationalmuseum**

WOMIT FANGE ICH AN?

Heute schon pompös gefühlt?

so klingt die NACHT und es lässt sich sehr gut dazu TANZEN

GANZ VIEL NORWEGEN IN GANZ VIEL KUNST

das Holzhausidyll, wo es immer ein wenig weihnachtet

SPORTLICHER WEITBLICK

Der Meister der düsteren Empfindungen

KOFFEIN UND KONSUM KÖNNEN SO COOL SEIN

#15
Wo der Julenisse wohnt – **Drøbak**

#14
Das grüne Dach der Stadt – **Holmenkollen**

#13
Verstörende Visionen
– **im Munch-Museum**

#12
Vintage-Shopping und Kaffeekultur – **Grünerløkka**

#4
Peace on Earth –
das Nobel-Friedenszentrum

#5
Aus Alt mach Neu –
Aker Brygge und Tvujholmen

#6
Auf den Bastionen –
die Festung Akershus

#7
Kulturleuchtturm des Nordens –
das Opernhaus

#8
Berühmte Norweger –
Fram- und Kon-Tiki-Museum

#9
Museumsbummel und Badespaß – **die Halbinsel Bygdøy**

#10
Monumental skulptural – **die Vigeland-Anlage**

#11
Natur und Industrie –
am Ufer der Akerselva

\# 1

Königlich flanieren – die Karl Johans gate

Der Prunkboulevard wurde im Jahre 1814 auf Geheiß des schwedischen Oberherrn Karl erbaut und leitet in gerader, knapp 2 km langer Linie vom Hauptbahnhof zum Schloss. Majestätisch ist ihr Name und majestätisch ist auch das Gepräge dieser an edlen Shoppingadressen, Luxushotels und Spitzenrestaurants reichen Schlagader Oslos.

Oslo hat viele Seiten, und warum die Norweger ihre Hauptstadt unter anderem auch für die sauberste und aufgeräumteste Europas halten, wird auf dem verkehrsumbrandeten **Jernbanetorget** 1 deutlich. Der Bahnhofsplatz, mit dem Nahverkehrsbüro Ruters kundesenter in seiner Mitte, präsentiert sich nicht mitteleuropäisch-schmuddelig, sondern norwegisch-proper, seitdem die Polizei 2008 seiner Existenz als Treffpunkt für Junkies ein Ende gesetzt hat: Alle Zweckbauten sind mit Glas und Kunst so ästhetisch aufgewer-

Die Karl Johans gate ist die majestätische Hauptschlagader Oslos.

tet wie der Boden sauber gefegt ist. Das ganze bauliche Arrangement rings umher, dominiert von den gestylten Konsumtempeln Oslo City und Byporten, wirkt jedoch auf den Betrachter ein wenig kalt.

Zum Dom

Einen satten Kontrast dazu bildet das 1841 gemauerte Halbrund der neoromanischen **Basarhallen** 2, in deren Arkadengängen finden sich Restaurants und Kunsthandwerksläden.

Angrenzend liegt die **Oslo Domkirke** 3, der 1697 eingeweihte und wiederholt – zuletzt zwischen 2006 und 2010 – restaurierte Dom. Sehenswert in der im Barockstil fertiggestellten Bischofskirche sind vor allem ein 1500 m² großes Monumentalgemälde in Ei-Tempera an der Decke und die barocke Kanzel nebst dem barocken Altar. Auch der Königsstuhl ist einen bewundernden Blick wert, und in der Höhe des zentralen Backsteinturms tickt seit 1718 die älteste heute noch funktionierende Turmuhr des Königreiches.

Symbole der Staatswerdung

Feine Boutiquen und internationale Ketten säumen die Karl Johans gate, die sanft zu dem Platz Egertorget ansteigt. Man hat ihn dort erreicht, wo man in gerader Linie zum Königlichen Schloss hinüberblicken kann – eine lohnende Ansicht. Ebenso sehenswert ist auch die Fassade des **Grand Hotel** 4 mit dem **Grand Café** 3 und natürlich der 1866 fertiggestellte neogotische Bau des **Storting** 5 gegenüber. Das Parlamentsgebäude steht für die Unabhängigkeit Norwegens und beeindruckt im Innern mit reicher künstlerischer Ausstattung. Es kann im Rahmen von Führungen besichtigt werden. Sehenswert ist u. a. Oscar Wergelands Gemälde der verfassunggebenden Versammlung.

Jenes historische Ereignis fand 1814 in Eidsvoll statt und gilt als Geburtsstätte des norwegischen Grundgesetzes. Nicht verwunderlich, dass die bei passenden Temperaturen zum Sonnen beliebte Grünfläche vor dem Storting **Eidsvollpark** 6 heißt.

Er geht über in den bei Bierdurstigen beliebten Park **Studenterlunden** 7 mit dem im Winter

Ü
ÜBRIGENS

Wie bodenständig die königliche Familie in Norwegen ist, erkennt man auch daran, dass der 22 ha große **Slottsparken,** der Schlosspark, öffentlich zugänglich ist und beliebtes Ziel zum Picknicken, Enten füttern und Entspannen ist. Allerdings ist dies ist der einzige Park, in dem barbusiges Sonnen nicht erlaubt ist. Wahrscheinlich wäre das dann doch etwas zu viel Volksnähe.

E
EISLAUF

Der Teich im Park Studenterlunden fungiert im Winter als Schlittschuhbahn, und von allen Kunsteisbahnen der Stadt ist die **Spikersuppa kunstisbane** 1 (Dez.–März Mo–Fr 11–21 Uhr, Sa/So 14.30–15.30 Uhr geschl.) die beliebteste. Wagen Sie sich kostenlos aufs Eis, Schlittschuhe können Sie gegen Gebühr ausleihen (120 NOK).

Cityplan: G 3–J 4/5 | **U-Bahn:** Jernbanetorget

INFOS/ÖFFNUNGSZEITEN

Oslo Domkirke (Dom) 3: Sa–Do 10–16, Fr 16–Sa 6 Uhr (über Nacht), Eintritt frei
Storting (Parlament) 5: www.stortinget.no, Führungen, auch auf Englisch, Mitte Febr.–Mitte Juni Sa 10 und 11.30 Uhr, Eintritt frei
Nationaltheatret 8: Johanne Dybwadsplass 1, www.nationaltheatret.no
Universitet 10: nur in Verbindung mit Events geöffnet
Kongelige slott (Schloss) 11: www.kongehuset.no, Wachablösung tgl. 13.30 Uhr, Führungen Ende Juni–Mitte Aug. auf Englisch tgl. alle 20 Min., 55 Min. Dauer; nur wenige Tickets pro Tag am Schloss, sonst ab 1. März im Vorverkauf (Erw. 140, Kinder 110 NOK) an den Postämtern des Landes sowie unter www.billettservice.no, T 81 53 31 33.

KULINARISCHES FÜR ZWISCHENDRIN

Eine Sehenswürdigkeit für sich ist das **Theatercaféen** 1 (► S. 92). Das etwas versteckt zwischen Dom und Basarhallen auf einem friedlichen Kastanienplatz gelegene **Baltazar** 2 (Dronningens gate 27, T 23 35 70 60, Mo–Sa, im Sommer tgl. 11–22 Uhr, Hauptgerichte ab 245, Pizzen ab 155 NOK) gilt vielen als das schönste Gartenrestaurant im Stadtzentrum von Oslo.
Das im eleganten Boheme-Stil eingerichtete **Grand Café** 3 (Karl Johans gate 31, www.grandcafeoslo.no, T 98 18 20 00, Mo–Fr 6.30–10, 11.30–15, 16–21, Sa/So 7–11, 12–16, 16–22 Uhr) gehört zu Oslos ersten Adressen in Künstler- und Intellektuellen-Kreisen. Ibsen, Munch, Krogh und zahlreiche andere Berühmtheiten pflegten hier einzukehren und ihren Kaffee zu trinken.

SHOPPINGLUST

Norway Designs 1: Stortingsgate 28, www.norwaydesigns.no, Mo–Sa 10–18, Do bis 19 Uhr
Paléet Shopping Galleri 2: Karl Johans gate 37–43, www.paleet.no, Mo–Fr 10–20, Sa 10–18 Uhr
David-Andersen 3: Karl Johans gate 20, www.david-andersen.no, Mo–Fr 10–19, Sa 10–18 Uhr

als Schlittschuhbahn fungierenden Spiegelteich Spikersuppa. Er leitet über zum 1895 erbauten **Nationaltheatret** 8, dessen Fries die Namen der drei großen Nationaldichter Bjørnstjerne Bjørnson, Ludvig Holberg und Henrik Ibsen verewigt.

Gegenüber prunkt das **Hotel Continental** 9 mit dem durchaus weltberühmten **Theatercaféen** 1, während auf der anderen Seite der Karl Johans gate der mächtige Säulenbau der **Universitet** 10 klassizistische Akzente setzt. In der mit Wandmalereien von Edvard Munch geschmückten Aula wurde früher der Friedensnobelpreis verliehen.

Moderne Kunst in der Karl Johans gate – flüssig oder trittfest?

Am Königlichen Schloss

Direkt voraus erstreckt sich die weite Grünanlage des **Slottspark** 11 mit dem 1848 im klassizistischen Stil errichteten dreiflügeligen **Kongelige Slott** 12, das offizieller Wohnsitz des norwegischen Königs ist. Schutzlos den Fotoangriffen der zahlreichen Touristen ausgeliefert sind die fein herausgeputzten Palastwachen, die ebenso elegant gekleidet sind wie ihre englischen Kollegen vom Buckingham Palace. Das Schloss selber kann in seiner Gesamtheit nicht besichtigt werden. Nur im Sommer sind im Rahmen von Führungen 15 repräsentative Räume im eklektizistisch ausgestatteten Inneren für die Öffentlichkeit zugänglich.

Und jetzt shoppen!

Entlang der Karl Johans gate und ihrer Nebenstraßen findet man eine Vielzahl an Geschäften: **Norway Designs** 1 bietet die größte Auswahl an allem, was man sich unter Design im Allgemeinen vorstellt. Bei eleganter Herren- und Damenmode bietet sich die **Paléet Shopping Galleri** 2, vielleicht der edelste Fashion-Tempel Norwegens, an. Ist Geld kein Thema, sehr wohl aber Schmuck und Edelsteine, dann geht man in Oslo zu **David-Andersen** 3, seit den 1880er-Jahren einer der führenden skandinavischen Juweliere; größte Auswahl auch an sogenanntem Saga-Schmuck – originalgetreu nach Art der alten Wikinger.

UM DIE ECKE

Zum 100-jährigen Todestag (23. Mai 2006) von Henrik Ibsen wurde in der letzten Wohnung des berühmten Dichters und Dramatikers das **Ibsenmuseet** 13 eröffnet (▶ S. 78).

I
IBSEN

Fußgänger können auf ihrem Weg durch die Innenstadt insgesamt 69 markante Zitate des Dramatikers Henrik Ibsen auf dem Straßenpflaster studieren. **Feinkultur auf Straßenniveau** lautet der Name dieses Projektes. Die dichteste Sammlung, der in rostfreien Stahllettern gehaltenen Zitate, findet sich auf der Karl Johans gate, so z. B. direkt vor dem Grand Café, einst Stammcafé des Künstlers, von wo aus man auf ›Textspuren‹ des Dramatikers bis zum Ibsenmuseet wandeln kann.

2

Von Jazz bis Heavy Metal – **Oslos Zentrum bei Nacht**

Wenn sich der Tag langsam dem Ende entgegen neigt, zeigt sich, was die Osloer unter Nachtleben verstehen. Dann wandelt sich die Stadt: Die Geschäfte schließen, die Büros leeren sich, während ein anderer Teil der Stadt erwacht. Oslos Nachtleben ist sehr bunt, vielfältig und innovativ – was man von dieser eher kleinen, entlegenen Stadt kaum erwarten würde.

Lange Zeit war dies anders. Der gesellschaftliche Fokus lag im Familienleben, und strenge, prohibitionsähnliche Gesetzte trugen zusätzlich dazu bei, dass Oslo bei Nacht so spannend wie eine Steuererklärung am Samstagabend war. Seit den 1980er-Jahren wurden die Restriktionen gelockert und die Osloer entdeckten das Ausgehen für sich. Einige Jahrzehnte später kann die Stadt mit einer noch nie dagewesenen Fülle an Bars, Kneipen und Clubs aufwarten – eine Dich-

Voll abgefahren: Im ›Rockefeller‹ treffen sich vor allem Rockfans.

te, die die ihresgleichen in Skandinavien sucht. Eine Schlüsselrolle dabei spielt Musik. Staatliche Förderprogramme, musikversessene Norweger und hohe Gagen für Auftritte bei gleichzeitigem Einbruch des legalen Plattenverkaufs haben dazu geführt, dass die die (Live-)Szene prächtig gedeiht. Über 5000 Konzerte finden jährlich statt – eine fast unerhörte Zahl in Relation zu gerade mal einer halben Million Einwohner. Fast nirgends ist die Heavy-Metal-Band-Dichte pro Einwohner höher, die Crème de la Crème der norwegischen Jazzmusiker lebt hier. Auch namenhafte DJs und zahlreiche Ikonen des Pop, Rock, Blues und vieler anderer moderner Stilrichtungen haben den Namen der Stadt in die musikalische Welt hinausgetragen und sind häufig in den zahlreichen Musikclubs und Musikshops der Metropole zu hören.

Oslo ist der Hotspot der skandinavischen Musikszene.

Viele der kultigsten Musik- und Ausgehadressen des Nordens konzentrieren sich im Zentrum: Einmal in der Gegend um den Platz Youngstorget und nördlich der Domkirche mit Schwerpunkt in der Straße Grensen.

Youngstorget

Die Konzertarena für alle Genres ist das bis zu 1350 Menschen fassende **Rockefeller** 1. Wobei der Schwerpunkt, wie der Name erahnen lässt, auf Rock liegt. In dem ehemaligen öffentlichen Bad spielen regionale Acts, aber auch die großen internationalen Namen auf. Im Keller liegt das kleinere und damit intimere **John DEE,** der Liveclub des Rockefeller (Eingang um die Ecke in der Henrik Ibsens gate). An Ostern findet in den beiden Locations das Inferno-Festival statt, zu dem tausende Metalheads in die Stadt strömen, um ekstatisch ihre langen Harre kreisen zu lassen und ihre schwitzigen Oberkörper aneinanderzuschubbern. Etwas, aber eben nur etwas gediegener geht es im **Kulturhuset** 2 im alten Postgebäude zu. Hier wird gegessen, getanzt, gelacht, getrunken und dank Ping-Pong-Tisch, Shuffleboard und Kicker auch gespielt, manchmal zu Livemusik, manchmal dank DJ's zu elektronischen Beats. Ein echter Schatz für Kinder der Nacht ist die nahe des Youngstorget gelegene **Gunnars Generasjonsbar** 3. Hier gibt es im schick-trendigen Ambiente Brunch den ganzen Tag und die ganze Nacht – und die dazugehörigen Cocktails mit Quentin-Tarantino-Touch wie »From Dusk Till Dawn« zu guter Musik aus der Dose. Aber dies ist nur eine kleine Auswahl aus der Hood. Wer durch die umliegenden Straßen und Gassen streunt, wird auf einige Kneipen von cool bis skurril stoßen.

Auch in der Wohlfühl-Cocktailkneipe, dem **Café Sør** 4, finden Konzerte, außerdem Salsa-Abende und Sonntags-Jamsessions statt. Ab 21 Uhr legen dann verschiedene DJs auf. Weiche Sofas, warme Dekorfarben und große abstrakte Gemälde schaffen eine angenehme Atmosphäre in diesem stets gut besuchten Lokal. Tagsüber werden leckere Kleinigkeiten wie Quiches und Paninis serviert. Das Café Sør gilt als *die* Adresse für Cocktails im Zentrum. Die kleine **Angst Bar** 5 liegt nur ein wenige Meter weiter versteckt in der Strøget Passage und ist alles andere als furchteinflößend. Ganz im Gegenteil: Die bunte, funky Einrichtung und die Kunst an den Wänden zeugt von Kreativität und schafft eine gemütliche, intime Atmosphäre bei guter Musik vom Mischpult.

Wer genug intime Gemütlichkeit hatte und sich richtig in die Nacht stürzen will, sollte The Villa oder dem Internasjonalen einen Besuch abstatten. **The Villa** 6 wurde von Nightlife-Magazinen

Wer guten Jazz hören will, geht zu ›Herr Nilsen‹.

Cityplan: H–K 3/4 | **U-Bahn:** Stortinget

INFOS/ÖFFNUNGSZEITEN

Rockefeller/John DEE 1: Torggata 16, www.rockefeller.no, So–Do 20–3.30, Fr/Sa ab 21 Uhr, Eintritt je nach Veranstaltung ab 245 NOK
Kulturhuset 2: Youngs Gata 6, kultur husetioslo.no, Mo 8–24, Di–Fr 8–3.30, Sa 11–3.30, So 11–24 Uhr
Gunnars Generasjonsbar 3: Torggata 13, www.generasjonsbaren.no, Mo–Mi 9–22, Do–Sa 9–2.30, So 9–16.30 Uhr
Café Sør 4: Torggata 11, Sentrum, www.cafesor.no, Mo–Do 11–0.30, Fr/Sa bis 3.30, So 12–0.30 Uhr
Angst Bar 5: Torggata 11, Fr/Sa 12–3, Mi/Do bis 1.30, So–Di bis 23 Uhr
The Villa 6: Møllergata 23, www.thevilla.no, Fr/Sa 23–3 Uhr
Internasjonalen 7: Youngstorget 2A, www.internasjonalen.no, Mo 10–1, Di–Sa 10–3, So 16–1 Uhr
Stortorvets Gjæstgiveri 8: Grensen 1, www.stortorvets-gjestgiveri.no, Mo–Sa 11–22 Uhr
Last Train 9: Karl Johans gt. 45, www.lasttrain.no, Mo–Fr 15–3.30, Sa 18–3.30 Uhr
Rock In 10: Øvre Slottsgate 19, www.rockin.no, tgl. 16–3 Uhr
Herr Nilsen 11: C.J. Hambros plass 5, www.herrnilsen.no, So–Do 14–3, Fr ab 13, Sa ab 12 Uhr, Eintritt je nach Veranstaltung ab 120 NOK

KULINARISCHES FÜR ZWISCHENDRIN

Übersetzt bedeutet das englische Wort **Munchies** 1 (Torggata 18 C, www.munchies.no, So–Mi 11–22, Do bis 24, Fr/Sa bis 3 Uhr.) so viel wie Hungerattacke oder Fressflash – wen dies am Wochenende nach Mitternacht überfällt, sollte sich schleunigst zum derzeit besten Burgerladen der Stadt begeben. Was gibt es sonst noch zu sagen? Cheeseburger 92, Veggieburger 98 und der Munchieburger 106 NOK.
Nur zwei Minuten entfernt liegt die **Crowbar** 2 (► S. 107), wo am Wochenende bis kurz vor 3 Uhr Döner und Dürüms im Obergeschoss verkauft werden.

bereits wiederholt als eine der 100 besten Clubs und Discos auf Erden eingestuft. Internationale und norwegische DJs mischen für zwei Dance-

F
FLIRTEN

Die norwegische Gesellschaft ist eine sehr egalitäre. Im Klartext bedeutet dies, dass Männer Frauen nicht unbedingt die Tür aufhalten, zuerst ansprechen und ihnen auch keine Drinks ausgeben, um sie zu umwerben. Und es wird eher als komisch empfunden, wenn eine Frau es erwartet, eingeladen zu werden. Die Rechnung wird geteilt oder es wird abwechselnd gezahlt – Flirten auf Augenhöhe eben. Beim ersten Kontakt, egal von wem er ausgeht, sollte das Romantik-Level auf einem erträglichen Maße gehalten werden – nicht übertreiben, wir haben es hier mit kühlen Nordlichtern zu tun. Am nächsten Tag sollte sich mann/frau dann nicht wundern, wenn das norwegische – jetzt nüchterne – Gegenüber plötzlich geradezu reserviert wirkt. Feiernde Norweger und diejenigen, auf die man tagsüber trifft, sind zwei verschiedene Paar Schuhe. Viel Glück bzw. Lykke til!

floors Hip-Hop und Rap, Club & Techno, House, Reggae und andere innovative Rhythmen. Das **Internasjonalen** 7 befindet sich in einem Haus im funktionalistischem Sowjet-Stil der 1960er-Jahre. Im Erdgeschoss bietet die Bar eine riesige Auswahl an klassischen Cocktails und Spirituosen, während oben Konzerte stattfinden und DJs auflegen.

Musikmeile Grensen

Ausgerechnet im eher schicken Zentrum, ganz in der Nähe der Karl Johans gata, haben sich eine ganze Reihe Läden angesiedelt, die auf Rock, harte Gitarrenklänge und düsteren Metal, aber auch Blues und Jazz in verschiedenen Variationen setzten. Hinter der Hausnummer Grensen 1 verbirgt sich mit der **Stortorvets Gjæstgiveri** 8 Oslos ältestes Restaurant, wo im angeschlossenen Café jeweils samstags 13.30–16.30 Uhr kostenlose Jazzkonzerte im Stil der 1920er-/30er-Jahre organisiert werden.

›Rock around the clock‹ aus der Konserve macht im Musikpub **Last Train** 9**,** Oslos älteste Rockbar, von sich hören, und an zwei, drei Abenden gibt's zudem ab 21 Uhr Live-Auftritte (Altersgrenze 24 Jahre). Oft trommelfellzerreißenden Hardrock und Heavy Metal hört man im **Rock In** 10**:** Die Atmo ist düster, die meisten Gäste kommen schwarz gewandet daher.

Gerade mal 100 m nördlich von Grensen ist **Herr Nilsen** 11 die angesagteste Adresse für Jazz in Oslo. In Zusammenarbeit mit dem Oslo Jazz Forum werden rund ums Jahr an durchschnittlich sechs Abenden je Woche Jazzkonzerte (meist Mainstream) gegeben, immer wieder auch Blues-Konzerte, und sonntags lädt ab 20 Uhr eine Jam-Session ein.

UM DIE ECKE

Nach einer durchfeierten Nacht muss man nicht unbedingt gleich ins Bett: Ein Sonnenaufgang ist der perfekte Abschluss für einen gelungenen Abend – zu beobachten, wie die Nacht langsam dem Tageslicht weicht. Einige der besten Spots, um den Sonnenaufgang zu bewundern, sind das Dach der **Oper** (▸ S. 42), die Aussichtsplattform auf dem **Ekeberg** (▸ S. 84) und der Strand hinter dem **Astrup Fearnley Museum** (▸ S. 38).

Alles auf Umzug – **das neue Nationalmuseum**

#3

Jahr um Jahr strömten die Menschen zu der gigantischen Baustelle und sahen dem Neuen Nationalmuseum neugierig beim Wachsen zu. Erhöhte Podeste, Gucklöcher in den Absperrungen und wechselnde Infotafeln gewährten Einblicke und steigerten die Spannung ins Unerträgliche. 2020 öffnet das mit 13 000 m² Ausstellungsfläche größte und prestigeträchtigste Museum für Kunst, Architektur und Design Skandinaviens seine Tore. Bereit für einen künstlerischen Rausch der Superlative?

In Sichtweite der massiven Backsteinfassade des Rathauses und der wuchtigen Festung des Akershus entsteht ein miteinander kommunizierendes Dreieck aus steinernen Monumenten, gebaut für die Ewigkeit, erhaben über den Wandel der Zeit. Wie gesagt: Hier wird nicht gekleckert, sondern geklotzt.

Rückt dem Nobel-Friedenszentrum auf die Pelle: das neue Nationalmuseum.

Es werde Licht!

»Zu plump«, »klobig«, »monströs« – zeterten die Kritiker, doch gegen Ende der Fertigstellung wurde mehr und mehr deutlich, dass das Berliner Architekturbüro Kleihues + Schuwerk sich Mühe gab, den Bau nicht aufdringlich und kolossal daherkommen zu lassen. Die gläsernen Seitenwände, das helle Grau des Schiefers, die weitläufige, begrünte Terrasse und 6000 LED-Leuchten, die nachts die gesamte Länge des Daches weithin sichtbar beleuchten werden – all das wird dem Museum eine luftig-lichte Note verleihen. Und viele jubeln schon vor der Fertigstellung, dass dies nordische Architektur *at its best* sei.

Fragen, Fragen, Antworten

Aber war Oslo nicht schon zuvor bekannt für seine exzellente Museenlandschaft? Warum die exorbitanten Kosten und ein Umzug von über 100 000 Kunstwerken – der im Übrigen eine logistische Meisterleistung darstellt? Nun ja, es gibt mehrere Antworten. Zunächst wäre da einmal das Prestige. Kultur hat einen hohen Stellenwert in Norwegen, und auf dem Weg vom traditionellen Oslo zur modernen Metropole von Welt gönnt man sich eben nichts Geringeres als den Bau des größten kulturellen Zentrums Nordeuropas. Platz ist eine weitere Antwort – die Keller und Lagerräume der Museen quollen

INFOS/ÖFFNUNGSZEITEN

Nytt Nasjonalmuseet 1: Vestbanen, südlich des Hauptbahnhofs, http://nasjonalmuseet.no, Öffnungszeiten und Eintrittspreise standen bei Redaktionsschluss dieser Ausgabe noch nicht fest.

KULINARISCHES FÜR ZWISCHENDRIN

Oslos letzter Schrei an Gemütlichkeit ist das **Café Sorgenfri** 1 mit unprätentiöser, leckerer Küche (Bryggetorget 4, Sentrum/Aker Brygge, T 21 50 10 90, www.cafesorgenfri.no, Mo–Sa 11–22 Uhr, *lunsj* 155–225 NOK, Hauptgerichte 275–345 NOK, ► S. 97).

Cityplan: G/H 4 | **Tram** 12: Akker brygge

über vor kulturellen Schätzen, die aus Mangel an Ausstellungsfläche nie gezeigt werden konnten – und nicht zuletzt: Ganzheitlichkeit.

Erstmalig werden nun **Nationalgalerie, Architekturmuseum, Kunstindustriemuseum** und das **Museum für zeitgenössische Kunst** unter einem Dach vereint sein. Die strikten und mittlerweile veralteten Trennungslinien zwischen Kunst, Architektur und Design werden damit aufgehoben. Kunst und Kultur sollen in ihrer Gänze als zentrale Elemente der Geschichte, der Gesellschaft, des menschlichen Strebens und letztendlich Seins gezeigt werden. Und so wird das Museum auch ein Ort des Austauschs und der Begegnung werden.

Mit der Gestaltung der 90 Ausstellungsräume wurde das Architekturbüro Guicciardini & Magni aus Florenz beauftragt.

Zurück in die Vergangenheit

Doch so zukunftsträchtig sich das auf Nachhaltigkeit und Haltbarkeit ausgelegte Gebäude von außen gibt, so sehr widmet es sich im Inneren der Vergangenheit. Typisch Oslo eben: Tradition trifft auf Innovation. Das Herz des Museums sind die Nationalmalerinnen und -maler, und das bedeutet ganz viel Norwegen und wilde Landschaften.

M
MUNCH

Highlight der gesamten Ausstellung soll weiterhin der letzte »Schrei« von Munch sein, nachdem sein erster 2004 aus dem Munch-Museum gestohlen wurde und zwei Jahre lang verschollen war. Auch Munchs »Madonna« wurde damals Beute der dreisten Diebe, doch ist hier eine zweite Version zu sehen, während eine dritte in der Hamburger Kunsthalle und zwei weitere in privaten Sammlungen zu finden sind. Eine davon wurde 1999 bei Kaare Berntsen für 74 Mio. NOK verkauft.

Keine Frage, das Dramatische herrscht vor bei den alten norwegischen Meistern, wie Edvard Munch, Johan Christian Clausen Dahl, Harriet Bakker und Christian Krogh: opulente Natur und tiefe Gefühle mit einer Prise Pathos. Und sie dürfen sich über illustre Gesellschaft freuen, in der Abteilung für internationale Kunst tummeln sich Picasso, Matisse, Monet, Degas, van Gogh, Gauguin und Rodin, um nur einige zu nennen.

Klasse und Masse

So mag der Fokus zwar auf norwegischen Künstlerinnen und Künstlern liegen, doch wird das Ganze in einen historischen und globalen Kontext gebettet. Die Ausstellung nimmt die Besucher an der Hand und führt sie zunächst im ersten Stock von der Antike bis in die Gegenwart. Dort erzählt z. B. der legendäre Baldishop-Teppich von Abenteuern und Heldentaten des Mittelalters, unweit davon kostbares chinesisches Porzellan, die edlen Gewänder der Royal Costume Collection und modernes Design, das derzeit omnipräsent auf Instagram und Konsorten ist.

Und wer jetzt noch nicht tief beeindruckt ist: Rund 5000 Kunstwerke bilden den Kern der Dauerausstellung in 90 Räumen, die in einem neuen, ganzheitlicheren Zusammenhang präsentiert werden: Gemälde, Skulpturen, unzählige Zeichnungen, Kunsthandwerksstücke, Designobjekte, Architekturmodelle, Installationen … Mehr Kunst in einem Haus geht wohl kaum, also bitte nicht überfordern lassen und zwischendurch im Museumscafé entspannen oder einen Spaziergang auf dem Dach unternehmen und den grandiosen Blick über Stadt und Fjord genießen.

UM DIE ECKE

Wer bereit ist, ein wenig weiter zu laufen, kommt zum **Kunstnernes Hus** 2 (Wergelandsveien 17, www.kunstnerneshus.no, Di–So 11–17, Do 11–19 Uhr, Erw. 100 NOK), das einen krassen Kontrast zur Nationalgalerie darstellt: Die wechselnden Ausstellungen zeigen zeitgenössische Künstler in einem Haus im Stil der 1930er-Jahre. In dem Café treffen sich Intellektuelle und Kunstschaffende.

Peace on Earth – **das Nobel-Friedenszentrum**

#4

Der schwedische Industrielle Alfred Nobel und der von ihm gestiftete Friedensnobelpreis, der seit 1901 alljährlich in Oslo verliehen wird, haben die Welt nachhaltig verändert, wenn auch nicht befriedet. Diese beiden Themen sind Schwerpunkte des weltweit einzigartigen Nobel-Friedenszentrums.

Jahr für Jahr am 10. Dezember ist es wieder so weit: Demjenigen, »der am meisten oder besten für die Verbrüderung der Völker gewirkt hat und für die Abschaffung oder Verminderung der stehenden Heere sowie für die Bildung und Beförderung von Friedenskongressen«, überreicht man eine Goldmedaille mit der Aufschrift »Pro pace fraternitate gentium« (»Für Frieden und Brüderlichkeit der Völker«) sowie einen Scheck mit

Bunt und eindrucksvoll informiert das Nobel-Friedenszentrum über die Geschichte des Friedensnobelpreises.

einer veritablen Summe: den Friedensnobelpreis. Es schließt sich die Nobel Lecture an (Ansprache der Preisträger), und den Abschluss des Abends bildet ein Bankett in kleiner Runde. Ein großes Fest wie in Stockholm, wo die übrigen Nobelpreise (für Chemie, Physik, Medizin, Literatur sowie Wirtschaft) verliehen werden, ist der Tag in Oslo nicht. Die Preisverleihung findet im Rådhus statt. Das 2005 anlässlich der Feiern zur 100-jährigen Selbstständigkeit Norwegens vis-à-vis des Rathauses eröffnete **Nobel Fredssenter** 1 zeigt eine Dauerausstellung zu den Arbeiten der bisherigen Friedensnobelpreisträger.

Mit oder ohne Beifall

1901 nahm das Preisrichterkomitee (das alle sechs Jahre nach Parteienproporz vom Storting gewählt wird) in Oslo die Arbeit auf, und der Erste, der für würdig erachtet wurde, den Friedenspreis zu erhalten, war Henri Dunant, Begründer des Roten Kreuzes. Gegenstimmen gab es keine, der Beifall der Weltöffentlichkeit war einhellig, wie auch bei vielen anderen Preisträgern (u. a. Albert Schweitzer 1952; Martin Luther King 1964; Mutter Teresa 1979). Andere Entscheidungen freilich waren stark umstritten, und oft schon musste sich das Komitee den Vorwurf der Einmischung in die internationale Politik gefallen lassen. So zuletzt geschehen im Jahre 2009, als hier der amerikanische Präsident Barack Obama geehrt wurde. Aber gegen solche Angriffe ist man in Oslo gefeit, wie man es auch gelassen hinnahm, als etwa die Chinesen mit Boykott drohten, als 1989 der Dalai Lama ausgezeichnet wurde.

Es geht um den Frieden

»Manchmal können wir, die kleinen Länder, ein wenig verändern in dieser Welt«, sagte der Vorsitzende des Komitees 1987 in seiner Ansprache zur Ehrung von Costa Ricas Präsident Arias. Und nichts anderes ist Hauptziel der norwegischen Außenpolitik: einen größtmöglichen Beitrag zur demokratischen Entwicklung und zur Einhaltung der Menschenrechte auf diesem Planeten zu liefern.

Diesen Themen sind im Friedenszentrum wechselnde Ausstellungen gewidmet, darüber hinaus werden Hintergründe zum Nobelpreisstifter Alfred Nobel gegeben sowie zu aktuellen

N NOBEL

Die Nominierung für den **Friedensnobelpreis** erfolgt nur an lebende Personen – eine entscheidende Regel bei der Vergabe der prestigeträchtigen Medaille. Ist dieses Kriterium erfüllt, kann praktisch jeder vorgeschlagen werden: Die mit Sicherheit unrühmlichsten Kandidaten sind Adolf Hitler, Benito Mussolini und Josef Stalin. Insgesamt fünf Mal nominiert wurde Mohandas »Mahatma« Gandhi. Nur zweimal kam er in die engere Auswahl. 1948 fiel er, nur wenige Tage vor Ende der Nominierungsfrist, einem Attentat zum Opfer – was ihn disqualifizierte. Das Komitee erwog zunächst, seine eigene Regel auszusetzen und für Ghandi eine Ausnahme zu machen. Schließlich entschied man sich, ganz auf die Preisvergabe zu verzichten: mit der Begründung, dass es keinen angemessenen lebenden Kandidaten gäbe – eine posthume Verneigung vor einem großen Mann.

Nobel-Friedenszentrum

Konfliktherden auf der Welt, und alles in allem gibt es in dieser didaktisch vorbildlich aufgebauten Ausstellung genug zu lesen, sehen und zu lernen für mindestens einen halben Tag.

Für Frieden und Brüderlichkeit der Völker – der Osloer Nobelpreis ist einzigartig. Geometrische Vernetzung im Osloer Rathaus, mehr als nur Dekor.

Das Rathaus

Im Rahmen von Führungen durch das 1950 eröffnete **Rådhuset** 2 wird auch die Tür zu jenem Saal geöffnet, in dem jedes Jahr am 10. Dezember die Friedensnobelpreise verliehen werden. Die Innenausstattung, an der die bedeutendsten norwegischen Bildhauer, Maler und Textilkünstler der ersten Hälfte des 20. Jh. beteiligt waren, gilt als ansprechend, so die einhellige Meinung. Doch an dem äußerst imposanten bzw. – wie andere sagen – ausgesprochen bulligen Backsteinkomplex des Rathauses selber, das von zwei mehr als 60 m hohen Türmen flankiert wird, scheiden sich die Geister.

INFOS/ÖFFNUNGSZEITEN

Nobel Fredssenter 1: Vestbanen/Rådhusplassen, www.nobelpeacecenter.org, Di–So 10–18 Uhr, Eintritt 125 NOK
Rådhuset 2: Fridtjof Nansens plass, Mo–So 9–16 Uhr, Führungen im Sommer tgl. 10, 12, 14 Uhr, Eintritt frei

KULINARISCHES FÜR ZWISCHENDRIN

Eine Reihe von Restaurants findet man im Bereich der gegenüber vom Rathaus gelegenen Rådhusbrygge oder der angrenzenden **Aker Brygge** (► S. 36). Im Museum selbst befindet sich das **Café Alfred** ❶. Es muss kaum erwähnt werden, dass das Thema des Museums hier aufgegriffen wird: Die Speisen sind regional, ökologisch und nachhaltig, die ausliegende Literatur widmet sich dem Thema Frieden und der Shop verkauft ethisch-korrekt hergestellte Produkte, wie Tassen aus recyceltem Kaffeesatz. Mit Blick auf das Rathaus liegt der rustikal-gemütliche **Fridtjof Pub** ❷ (Fridtjof Nansens Plass 7, Mo 12–24, Di–Do 12–1, Fr/Sa 12–2, So 14–22 Uhr), wo der Polarforscher und Friedensnobelpreisträger Fridtjof Nansen und seine Abenteuer im Eis in jeder Hinsicht geehrt wird. Exzellentes indisches Essen bekommt man nebenan im urig-schicken **Det Pepper Gror** ❸ (›Wo der Pfeffer wächst‹, Hauptgerichte ab 210 NOK, Mo–Sa 16–22, So bis 21 Uhr).

Cityplan: G/H 4 | **Tram** 12: Akker brygge

#5

Aus Alt mach Neu – **Aker Brygge und Tjuvholmen**

Wo einst Dockarbeiter schwitzten, hat sich Oslo in Schale geworfen. Heute dominiert im Wohn- und Genussviertel kreative Architektur aus Glas, Stahl und Backstein – die spannende Kulisse für einen der beliebtesten Orte an lauen Sommerabenden, an denen das auf dem Fjord liegende Goldlicht die Festungswälle der gegenüber aufragenden Stadtburg Akershus glühen lässt.

Spaß an der Vergangenheit und Lust auf die Zukunft – dieser Zweiklang durchtönt ganz Oslo, wie man vielleicht nirgends besser gewahr wird als auf der Vorzeigegegend der Stadt, ihrer Front zum Oslofjord. Dort nämlich, am Hafenbecken, hat man schon seit den 1980er-Jahren den Triumphzug des Containers und den Niedergang des Werftgeschäftes nicht als Katastrophe verstanden, sondern als Chance. Das Ergebnis dieses für Oslo geradezu exemplarischen Wandels

Aus dem alten Hafengelände ist ein schickes Hipster-Viertel geworden: das Brygge Dock in Aker Brygge.

Der Elch ist los: zeitgenössiche Kunst am Albert Nordengens Plass.

zeigt sich insbesondere in der Aker Brygge und dem angrenzenden Tjuvholmen. Das ehemalige Werftgelände beim Rathaus wurde zu einem einzigartigen Wohn-, Handels- und Restaurantcenter umgewandelt, während die Hauptverkehrsadern in Tunnel verlegt wurden.

Schmelztiegel der Freizeitlust

Schon von weitem unverkennbar ragt die gelungene Symbiose aus backsteinernen Fabrikgebäuden und modernen Glitzerfassaden der Aker Brygge auf. Während sich prestigeträchtige Büros und Luxusappartements dezent im Hintergrund halten, tummeln sich auch die ›ganz normalen‹ Städter in diesem Schmelztiegel der Freizeitlust aus schwimmenden Kai-Cafés und durchgestylten Restaurants, Designerclubs und coolen Bars. Und alltäglich quillt die Uferstraße Stranden förmlich über von Menschen, herrscht fast südländische Stimmung. Auf schwimmenden Plattformen oder auf dem Kai wird Eis geschleckt, ausrangierte Ausflugsboote bieten sich als Restaurants an, in luxuriösen Shoppingarkaden machen sich edle Boutiquen Konkurrenz, und aus Kneipen, Pubs und Nightclubs – über hundert an der Zahl – dröhnt Dixie oder Free Jazz, Norwegen-Pop oder auch mal Klassisches nach draußen, wo sich die Straßencafés aneinanderreihen und auf Freilichtauktionen Kitsch und Kunst unter den Hammer kommen.

Architektur vom Feinsten

Vom Platz Bryggetorget aus erreicht man über eine Brücke das direkt angrenzende Tjuvholmen. Die ›Insel der Diebe‹ zeigt nach jahrelangen Bauarbeiten die Vielfalt verschiedenster architektonischer Ausdrucksformen auf und präsentiert sich durchaus stolz als ein Paradebeispiel der zeitgenössischen

Ü ÜBRIGENS

Seit den 1980er-Jahren entstehen auf einem rund 10 km langen Abschnitt im Rahmen des **Stadtplanungsprojekts ›Fjordbyen‹** – auf Deutsch ›Fjordstadt‹ – entlang der Wasserfront neue Stadtteile, Museen, Parks, Wohn- und Bürogebäude. Während die Aker Brygge und Tjuvholmen sich seit einigen Jahren vollendet präsentieren, befindet sich das Viertel Bjørvika weiter westlich noch mitten im Entstehungsprozess. Nach der Fertigstellung werden Kulturinstitutionen wie das Munch-Museum, die Stadtbücherei und das Oseberg-Schiff hier ein neues Zuhause finden.

europäischen Architektur. Herzstück der einstigen Hafenanlage ist das über 90 Mio. Euro teure **Astrup Fearnley Museum für moderne Kunst** 1. Es wurde in Form eines großen Glassegels nach den Entwürfen des italienischen Stararchitekten Renzo Piano (Schöpfer u. a. des Centre Pompidou in Paris) konstruiert und schon kurz nach seiner Eröffnung im September 2012 als eines der herausragenden neuen Museen weltweit gefeiert.

Im lichtdurchfluteten Innern kann man an dieser ambitionierten Ausstellung seine helle Freude haben, liest sich doch der Sammlungskatalog dieses bedeutendsten skandinavischen Privatmuseums wie ein Who's Who der Kulturelite der Nachkriegszeit. Eine konsequente Weiterführung des Eindrucks »Ist das noch Architektur oder schon Kunst?« ist der angrenzende **Skulpturenpark** 2 – ebenfalls von Renzo Piano entworfen. Geradezu diebische Freude kommt beim Blick vom **Tjuvtitten** 3 auf – und bevor Sie jetzt grinsen – das bedeutet ›Ausblick der Diebe‹ und bezeichnet einen 90 Meter hohen, gläsernen Aussichtsturm (40 NOK).

B
BADEN

Hinter dem Astrup Fearnley Museum lockt übrigens der frei zugängliche **Badesteg Tjyvholmen Sjøbad** inklusive kleinem Sprungbrett und Duschen – also unbedingt Badesachen mitbringen.

INFOS/ÖFFNUNGSZEITEN

Astrup Fearnley Museum für moderne Kunst 1: Strandpromenaden 2, www.afmuseet.no, Di, Mi, Fr 12–17, Do bis 19, Sa/So 11–17 Uhr, Eintritt 130 NOK

KULINARISCHES FÜR ZWISCHENDRIN

Nomen est Omen, im **Beer Palace** 1 (Holmens gate 3, T 22 83 71 55, www.beerpalace.no, tgl. 13–3.30 Uhr) dreht sich alles um den Gerstensaft, von dem es hier über 100 Sorten zu kosten gibt. Die Räumlichkeiten sind holzverbrämt, grob gemauert, urgemütlich, draußen sitzt man auf der Terrasse oder dem Balkon, spielt Dart, Backgammon oder Billard, und wer Hunger hat, kann in der gegenübergelegenen Pizzeria etwas bestellen und hier verzehren.
Geht's um Fisch und Meeresfrüchte, dann nichts wie ins **Lofoten Fiskerestaurant** 2 (Stranden 75, T 22 83 08 08, www.lofoten-fiskerestaurant.no, Mo–Fr 11–23, Sa 12–23, So 12–22 Uhr, Tischreservierung empfohlen). Im Sommer wird auch draußen serviert, und die Speisekarte (Hauptgerichte 225–355 NOK) variiert mit den Jahreszeiten.

Cityplan: F/G 5 | Tram 12: Akker brygge

Auf den Bastionen – **die Festung Akershus**

#6

Gegensätze ziehen sich an, und das harmonische Zusammenspiel alter und neuer Bausubstanz macht den besonderen Reiz des Panoramas aus, das man von den Wällen der alten Stadtburg aus genießen kann. Die Gemäuer selbst laden zu einem Gang durch 800 Jahre Stadtgeschichte ein.

Oslos Front zum Oslofjord wird von zwei Polen geprägt: Ragen im Westen die postmodern schimmernden Glastürme der Aker Brygge auf, setzen im Osten die Oper und die Skyline ›Barcode‹ futuristische Akzente. Zwischen dem gläsernen Architekturensemble da und den weiß aus der Bjørvika Bucht aufsteigenden Marmorklippen dort zieht sich die Uferpromenade Akershusstranda mit vor Anker liegenden Kreuzfahrtschiffen, Frachtern und vor allem auch prachtvoll herausgeputzten Veteranenbooten entlang der Fjordküste. Selbst das weniger

Nationales Bollwerk: Die Festung Akershus wurde nie eingenommen.

reizvolle Rathaus mit seinen Turmzähnen fügt sich recht harmonisch ins Bild, und auch das Bollwerk selbst bietet gleich mehrere Sehenswürdigkeiten.

Palastburg und Schloss

Im Jahre 1299 übertrug Håkon V. die Residenzfunktion von Bergen auf Oslo – ein Umstand,

INFOS/ÖFFNUNGSZEITEN

Akershus slott (Schloss) 1: Festungsgelände (mit Bastionen) Mai–Aug. Mo–Sa 10– 16, So 12–16, sonst Sa/So 12–17 Uhr, Erw. 100, Kinder 40 NOK
Besøkssenteret Akershus-Festning (Besucherzentrum) 2: Mai–Aug. Mo–Fr 10–16, Sa/So 11–17 Uhr, Eintritt frei
Forsvarsmuseet (Verteidigungsmuseum) 3: http://forsvaretsmuseer.no /Forsvarsmuseet, Mai–Aug. tgl. 10–17, sonst Di–So 10–16 Uhr, Eintritt frei

Hjemmefrontmuseet (Widerstandsmuseum) 4: http://forsvaretsmuseer.no/Hjemmefrontmuseet, Juni–Aug. Mo–Sa 10–17, So 11–17, sonst Mo–Fr 10–16, Sa/So 11–16 Uhr, Erw. 60, Kinder 30 NOK
Filmens hus 5: Dronningens gate 16, www.cinemateket.no, Tickets ca. 80 NOK

KULINARISCHES FÜR ZWISCHENDRIN

Innerhalb der Festungsmauern bietet die dem Forsvarsmuseet angeschlossene **Cafeteria** Erfrischungen an. Wesentlich schöner sitzt man draußen oder im gemütlichen Innenraum des **Engebret** 1 (Bankplassen 1, T 22 82 25 25, www.engebret-cafe.no, Mo–Fr 11.30–15, 16–23, Sa ab 17 Uhr, Reservierung empfohlen). Seit 1857 eine der ersten Adressen für allerfeinste norwegische Küche, ganz zart französisch angehaucht. Spezialitäten sind Fisch und Meeresfrüchte (169–485 NOK), im Herbst auch Wild.

OSLO VOM WASSER AUS

Der Blick von der Akershus-Festung auf die Hafengegend, den Fjord und die Inseln ist einfach fantastisch. Besser wird es nur von der anderen Seite: **Oslo Kayak Tours** 1 (www.oslokayaktours.no, z. B. dreistündige Sightseeing Tour: So 10–13 Uhr, 900 NOK, Treffpunkt Sjølyst Marina Bygdøy, Bus 20, 31 nach Skøyen oder 32 bis Sjølyst) bietet Paddeltouren an, bei denen die Highlights der Stadt vom Wasser aus bestaunt werden können.

Cityplan: H 5/6 | **Tram 12:** Øvre Slottsgate oder Kontraskjæret der bis heute die Rivalität zwischen den beiden Städten befeuert. Im gleichen Jahr ließ der Herrscher auch den Grundstein für die Akershus-Festung legen, die ab 1304 als Palastburg fungierte. Während der Regierungszeit Christians IV., der der Stadt im 17. Jh. auch einen neuen, nämlich seinen Namen gab (Christiania), wurde die Bastion im Stil der Renaissance zum **Akershus-Slott** 1 umgebaut.

Insgesamt neun Mal wurde die Festung angegriffen, ist aber nie eingenommen worden. Zu sehen gibt es u. a. prächtig ausgestattete Prunksäle, die der Regierung auch heute noch zu Zwecken der Repräsentation dienen, die alte Schlosskirche sowie das königliche Mausoleum. Das **Besøkssenteret Akershus-Festning** 2 führt auf einen Streifzug durch die 800-jährige Geschichte der reich begrünten historischen Wehranlage.

Im Namen der Freiheit

Im Arsenalgebäude auf dem Schlosshof ist das **Forsvarsmuseet** 3 untergebracht, das die Militärgeschichte Norwegens von der Wikingerzeit bis in die 1950er-Jahre zum Thema hat. Gerade auch der Zweite Weltkrieg, als Norwegen im Rahmen der Operation ›Weserübung‹ von Nazideutschland angegriffen und eingenommen wurde, wird detailliert behandelt, insbesondere der Seekrieg im Nordatlantik, den das Verteidigungsmuseum in spannender Weise nachzeichnet.

Nüchtern und bar jeden Hasses erinnert das Widerstandsmuseum **Hjemmefrontmuseet** 4 mit Fotos und Dokumenten, Plakaten und Zeitungen, Tonaufnahmen und Modellen an den Widerstand gegen die deutschen Besatzer und deren Gräueltaten nicht nur in Norwegen. Der Standort ist trefflich gewählt: Auf dem Platz davor fällte ein deutscher Marinerichter seine Todesurteile über 42 norwegische Patrioten.

UM DIE ECKE

Cineasten aufgepasst! Ganz in der Nähe liegt in der Dronningens gate das **Filmens hus** 5, nicht nur Norwegens einziges Museum, das sich dem Film widmet, sondern auch das beste alternative Kino der Stadt. Es gibt zwei Säle in denen die großen Klassiker und zeitgenössische Independentfilme (in Originalsprache mit norwegischen Untertiteln) gezeigt werden.

G GEISTER

Wie die FremdenführerInnen von **Oslo City & Nature Walks** (Tel. 41 31 87 40, www.oslowalks.no) zu berichten wissen, hallen nachts mitunter Schreie durch die Gemäuer der Festung Akershus. Auch in alten Gassen gibt es Winkel mit unerklärlichen Schatten nicht nur zur Geisterstunde. Diesen Phänomenen geht man im Rahmen der im Sommer regelmäßig durchgeführten **Ghost Walks** nach (2 Std., Erw. 150, Kinder 100 NOK).

Der Südflügel des Akershus slott

Ü ÜBRIGENS

Jeden Tag können Sie die **Wachablösung** der Königlichen Garden vor dem Schloss der Akershus-Festung verfolgen, die hier (sowie am Königlichen Schloss) um 13.30 Uhr stattfindet.

7

Kulturleuchtturm des Nordens – **das Opernhaus**

Dass Oslo wie eine Stadt von Welt wirkt, verdankt es auch der Opera, die als spektakulärer Blickfang in Form eines treibenden Eisberges aus dem Hafenbecken der Bjørvika emporragt. Oslos Opernhaus soll symbolisch für Norwegen stehen, und so kommt es nicht von ungefähr, dass man der prestigeträchtigen Kulturinstitution über eine Rampe aufs Dach steigen kann.

Vom Opernhaus hat man einen fantastischen Blick auf die ›Barcode‹-Gebäude.

Die nach einer fünfjährigen Bauzeit fertig gestellte **Opera** 1 will als Ausdruck ›horizontaler Monumentalität‹ verstanden werden und stellt mit Abmessungen von 207 m Länge und 110 m Breite sowie einem Kostenaufwand von rund 520 Mio. Euro das größte Kulturprojekt dar, das Norwegen

Alltagsleben trifft auf Hochkultur: So verbringen viele Osloer in der warmen Jahreszeit ihre Mittagspause.

je gewagt hat. Es gilt als eines der architektonisch ansprechendsten Bauwerke auf Erden und wurde auf dem World Architecture Festival in Barcelona gleich nach seiner Eröffnung zum »Kulturgebäude der Welt 2008« erkoren.

Natur trifft Kultur trifft Architektur

Entworfen wurde die Oper vom norwegischen Architekturbüro Snøhetta, das schon die neue Bibliothek von Alexandria in Ägypten konzipiert hatte, und hier wie dort wurde eine Symbiose mit der Landschaft angestrebt. Aber auch symbolisch für Norwegen will sie stehen, weshalb man, so die Architekten, auf vertikale und maskuline Formen verzichtet und das Bauwerk ungewöhnlich zugänglich konstruiert habe: So kann man ihr über eine Marmorrampe hinweg auf das Marmordach steigen. Dies aber nicht, um die Muse mit Füßen zu treten, sondern vielmehr um anzuzeigen, dass es in Norwegen keine Trennung zwischen der Bevölkerung und seiner Kultur gibt, dass das eine nicht ohne das andere existieren kann. Den Aufstieg sollte man sich gönnen, denn die Perspektiven, die man zu sehen bekommt, sind ebenso beeindruckend wie das Panorama auf die Hafenbucht, die Stadt sowie die Bastionen der Akershus-Festung, die gegenüber mittelalterliche Akzente setzt.

H HEISS HIER!

Halbnackt schwitzen ist auch Kultur – und sehr gesund. Schwimmende **Saunen** haben Oslo in den letzten Jahren im Sturm erobert. Am Langkaien mit Blick auf die Oper schwimmen gleich zwei – ein schickes Designboot mit Glasfront (Skarven) und ein DIY-Projekt aus recycelten Materialien, gebaut von Sauna-Enthusiasten (Måken). Abkühlen kann man sich anschließend im Oslofjord – mit Blick auf die Oper.

www.sbha.no/, Mo, Di, Do 7–9, Sa/So 8–10 und Mo–Mi 16–19 Uhr, morgens 100, abends 150 NOK (bezahlen im Voraus im Internet oder vor Ort via Vipps)

Die Oper ist ein Erlebnis für alle Sinne.

Bühne für Opern und Ballett

Aber auch ein Besuch im 38 500 m² großen Innern, wo sich mehr als 1500 Räume öffnen, ist ein Erlebnis für die Sinne. Als Prunkstück gilt dort der ganz mit deutscher Eiche ausgestattete Große Saal, angeblich der schönste Opernsaal der Welt.

Insgesamt können sich in dieser größten Musikinstitution des Landes rund 2000 Zuschauer an klassischen Opern- und Ballettaufführungen erfreuen. Das einzig Bedauernswerte ist, dass während der Hochsaison Mitte Juni bis Anfang September gerade Sommerpause herrscht und keine Aufführungen stattfinden.

INFOS/ÖFFNUNGSZEITEN

Den Norske Opera & Ballett 1: Kirsten Flagstads plass 1, www.operaen.no, Besuch im Rahmen von Führungen (50 Min., 120 NOK) auf Norwegisch (Mo–Sa 12, So 13 Uhr) sowie Englisch (Mo-Fr, So 13, Sa 12 Uhr), im Sommer auch an weiteren Tagen; da die Nachfrage groß ist und tgl. nur eine bestimmte Anzahl Tickets vergeben wird, sollte man evtl. online bestellen bzw. über T 47 91 51 61. Die Vorstellungen beginnen meist zwischen 18 und 20 Uhr, Tickets sollte man im Vorverkauf bestellen (T 21 42 21 21).

KULINARISCHES FÜR ZWISCHENDRIN

Aus der ganz in Weiß gehaltenen **Sanguine Brasserie** 1 (Kirsten Flagstads pl. 1, T 21 42 21 42, www.brasseriesanguine.no, Mo–Sa 11–23, So 12–22 Uhr) im Foyer des Opernhauses blickt man durch monumental große Fensterfronten auf den Fjord und genießt dabei mediterran angehauchte Köstlichkeiten der neo-norwegischen Küche. Im Sommer sitzt man draußen unter weißen Segeln. So schmeckt es gleich noch mal so gut, obwohl die Speisen durchaus auch für sich alleine stehen können. Hauptgerichte ab 280 NOK. Wer das Besondere sucht, sollte einen Blick auf die saisonale Karte werfen, das 2-Gänge-Menü gibt es für 440 NOK.

Viele gute Schlemmeradressen gibt es auf dem benachbarten Sørenga Pier. Man muss nur die schwimmende Brücke hinter der Oper überqueren. Dies ist der place to be, sobald die Sonne sich blicken lässt. Beliebt ist u. a. der Italiener **Cargo** 2 (www.cargorestaurant.no, Mo–Fr 16–22, Sa 13–22, So 13–21 Uhr, Pizza ab 139, Hauptgerichte ab 159 NOK, auch zum Mitnehmen). Die kulinarische Sparvariante: Sich was beim Supermarkt holen und auf einem der vielen Bänke das bunte Treiben und die grandiose Aussicht genießen.

Cityplan: J/K 5 | **U-Bahn** Jernbanetorget

Berühmte Norweger – **Fram- und Kon-Tiki-Museum**

#8

Bettelarm, geografisch isoliert und politisch unbedeutend – das war Norwegen im 19. und 20. Jh. Doch eine Reihe geradezu unvernünftig abenteuerlustiger Männer trugen mit waghalsigen Expeditionen dazu bei, die Welt auf dieses kleine Land blicken zu lassen.

Steil ragt das extrem hochgezogene Dreiecksdach des **Fram-Museums** 1 am Fjordufer von Bygdøy auf. Seine zackige Form erinnert an das mörderische Packeis, in das der berühmte Polarforscher und spätere Friedensnobelpreisträger Fridjof Nansen bewusst sein Schiff, die Fram, einschließen ließ, um es mit Hilfe der Eisdrift an den Nordpol treiben zu lassen. Zu diesem Zweck ließ er das 35 m lange Schiff aus Eiche erbauen. Unter der Wasserlinie wurde ›das stärkste Schiff seiner Zeit‹ mit Kupfer beschlagen, um den enormen Kräften des Eisdrucks zu widerstehen.

Modell des 1892 fertiggestellten Forschungsschiffs »Fram«. Das Schiff konnte sich wegen seiner speziellen Bauart im Eis einfrieren lassen. Kein Holzschiff fuhr jemals – weder im Süden noch im Norden – auf höheren Breitengraden.

Auf Expedition im Fram-Museum: Hier erfährt man alles über die abenteuerlichen Reisen zum Nord- und Südpol.

1893 lief er dann aus dem Oslofjord gen sibirische Küste aus. Doch der Plan, sich – in den Eismassen eingeschlossen – von der Meeresströmung zum Pol tragen zu lassen, misslang, weshalb Nansen zusammen mit seinem Begleiter Hjalmar Johansen zu Fuß nach Norden marschierte. Am 7. April 1885 kamen sie bis an 86°14' nördlicher Breite heran, den nördlichsten bis dahin von einem Menschen erreichten Punkt. 1896 kehrte Nansen mit der Fram wieder nach Oslo zurück.

Zwei Jahre später nutzte Otto Sverdrup das geschichtsträchtige Schiff, um die Region nordwestlich von Grönland zu entdecken und zu kartieren. Auch Roald Amundsen, der am 14. Dezember 1911 als erster Mensch den Südpol bezwang, bewältigte seine Antarktisreise mit dem dickbäuchigen Dreimastschoner. Das im Fram-Museum konservierte Schiff, das Geschichte schrieb, darf man betreten und auch von innen betrachten.

In der lichtdurchfluteten Halle werden außerdem Fotos und Ausrüstungsgegenstände sowie Karten von den Polarfahrten ausgestellt, Zeitungsausschnitte hängen an den Wänden, und vor dem Fram-Haus aufgebockt ist die Gjøa, das Schiff, mit dem Amundsen 1903 bis 1906 als erster die berüchtigte Nordwestpassage bezwang.

Einmal einen Blick auf das berühmte Floß werfen: im Kon-Tiki-Museum

Die Welt des Südpazifik

Gegenüber vom Fram-Museum liegt das **Kon-Tiki-Museum** 2, in dem das legendäre

Balsaholzfloß Kon-Tiki aufgebaut ist, auf dem sich der norwegische Zoologe und Anthropologe Thor Heyerdahl zusammen mit fünf Gefährten im Jahre 1947 in 101 Tagen von Peru nach Polynesien treiben ließ (4200 Seemeilen). Der Anhänger der experimentellen Archäologie wollte beweisen, dass die Inselgruppe im Südpazifik von Südamerika aus besiedelt worden sein könnte. Eine Annahme, die mittlerweile durch wissenschaftliche Untersuchungen wie Gentests widerlegt wurde.

In der Halle sind außerdem Gebrauchsgegenstände aus Südamerika und Polynesien sowie Steinskulpturen von der Osterinsel ausgestellt. In der Nachbarhalle befindet sich das Papyrusboot Ra II, der Nachbau eines Schiffes aus dem alten Ägypten, auf dem Thor Heyerdahl mit einer siebenköpfigen Mannschaft 1970 von Marokko aus in 57 Tagen den Atlantik überquerte.

Im Winter 2013 wurde die Sammlung vollständig renoviert sowie um Aktivitäten und Ausstellungen erweitert, wer sich für ›Abenteuer in unserer Zeit‹ interessiert, wird norwegenweit kein Pendant zu dieser Sammlung finden.

B
BADEN

Folgt man vom Kon-Tiki-Museum aus dem Bygdøynes- und Admiral Børrensvei, markieren bald Schilder mit der Aufschrift ›Gangvei til Huk‹ die Richtung zur **Badebucht Huk** sowie auch zur angrenzenden **Paradisbukta** (▶ S. 52).

INFOS/ÖFFNUNGSZEITEN

Frammuseet 1: www.frammuseum.no, tgl. 10–17 Uhr, Erw. 120, Kinder 50 NOK, Kombiticket mit Maritimt Museum 220/90 NOK

Kon-Tiki Museet 2: www.kon-tiki.no, Juni–Aug. tgl. 9.30–18, Sept./Okt., März–Mai 10–17, Nov.–Febr. 10–16 Uhr, Erw. 120, Kinder 50 NOK

Norsk Maritimt Museum 3: www.marmuseum.no, Mai–Sept. tgl. 10–17, sonst bis 16 Uhr, Erw. 120, Kinder 50 NOK, Kombiticket mit Fram-Museum s. o.

KULINARISCHES FÜR ZWISCHENDRIN

Lille Herbern 1: Herbernveien, T 22 44 97 00, www.lilleherbern.no, Mai–Sept. Mo–Fr 14–23.30, Sa/So 12–22.30 Uhr, Tischreservierung für abends wird empfohlen. Hauptgerichte ab 195 NOK, Meeresfrüchte werden am stärksten nachgefragt (die große Platte ab zwei Personen zu 645 NOK).

Cityplan: D 6 | **Bus** 30 oder **Boot** 91: Bygdøynes

Norwegische Seefahrt

Bleibt noch das **Norwegische Seefahrtsmuseum** 3 (Norsk Maritimt Museum) zu besichtigen, das die Geschichte der norwegischen Navigation von den Anfängen bis zur Gegenwart durch Modelle, Karten, Gemälde und maritime Ausrüstungen nachzeichnet. Eine Fischereiabteilung ist angeschlossen, und auch über den Walfang und die norwegischen Walfangaktivitäten, die erst in den 1960er-Jahren endeten (Zwergwale ausgenommen) können Sie sich informieren. Allerdings fehlt es an selbstkritischer Einsicht, welch irreparablen Schaden die Schrapnellharpunen der Norweger den Meeresbewohnern zugefügt haben.

Köstlichkeiten auf der Insel

Beim äußerst beliebten Outdoor-Restaurant ›Lille Herbern‹ empfiehlt sich vor allem abends die Reservierung, will man nicht nur einen Stehplatz haben.

Vom Kon-Tiki-Museum aus weisen der Bygdøynesvei und der Admiral Børrensvei den Villenweg zum ans Meer führenden Herbernveien. Die Straße blickt auf ›Klein Herbern‹, eine winzige, Bygdøy vorgelagerte Insel in der Hafeneinfahrt nach Oslo, mit dem am Ufer gelegenen Restaurant **Lille Herbern** ❶, das bereits seit 1929 als Sommerlokal genutzt wird. Um hinüberzukommen, nimmt man das Fährboot (mehrmals stdl., ansonsten rufen; Erw. 35, Kinder 10 NOK hin/zurück), was aber zumindest in den Abendstunden nur dann Sinn macht, wenn man vorher einen Tisch reserviert hat. Ohne kann es nämlich schwer bis unmöglich sein, auf der großen Außenveranda einen freien Platz zu ergattern, denn Lage wie auch die Küche dieses Insellokals sind überdurchschnittlich bei durchaus angemessenen Preisen.

→ UM DIE ECKE

Nur einige wenige Gehminuten von der Museumstrinität entfernt laden mit dem **Norsk Folkemuseum** (► S. 50) und dem **Vikingskipshuset** (► S. 50) die bedeutendsten Dokumentationen zur norwegischen Bevölkerung und ihrer Kultur sowie der großen Vergangenheit dieser Nation zu einem ausgiebigen Besuch ein. Von diesen beiden wichtigsten und meistbesuchten Museen Norwegens ist es wiederum nur ein Katzensprung zum **Lustschloss Oscarshall** (► S. 52).

Museumsbummel und Badespaß –**die Halbinsel Bygdøy**

\# 9

Das strand-, wald- und wiesenreiche Refugium Bygdøy ist aus gutem Grund als Museumsinsel bekannt. Und hier, mitten in der Stadt, beginnt auch Oslos Badespaß. Was könnte schöner sein, als einen Bummel durch Norwegens bedeutendste und auch meistbesuchte Museen am Meer ausklingen zu lassen?

Oslo ist eine Stadt der Gegensätze, und diese Kontraste sind es auch, die einen Aufenthalt zum Erlebnis werden lassen. Zwei Kilometer sind es von der Aker Brygge bis Bygdøy, einer Halbinsel im Oslofjord: üppige Rosengärten vor weißen Luxusvillen aus Holz, weidende Kühe auf sattgrünen Wiesen, Eichenwälder, Badestrände sowie – und deshalb vor allem kommen die Touristen hierher – die bedeutendsten Dokumentationen der norwegischer Bevölkerung und ihrer Kultur sowie der großen Vergangenheit dieser Nation.

Welche Hauptstadt verfügt schon über einen Badestrand mitten in der Stadt?

Mehr als nur seetüchtig

Das in einem kirchenähnlichen Gebäude untergebrachte **Wikingerschiffmuseum** 1 gilt seit seiner Eröffnung 1926 als das meistbesuchte des Landes. Ehrfürchtig schieben sich die Besuchermassen durch die lichtdurchflutete Halle auf das berühmte Oseberg-Schiff zu, das 1904 in einem Grabhügel am westlichen Oslofjord bei Tønsberg gefunden wurde. Es wurde um 820 erbaut, 834 dem Grab der Königin Åsa beigelegt und gilt zusammen mit anderen Gaben, die man der Königin auf ihre Reise ins Reich der Toten mitgege-

INFOS/ÖFFNUNGSZEITEN

Vikingskipshuset (Wikingerschiffmuseum) 1: Huk Aveny 35, www.khm.uio.no, Mai–Sept. tgl. 9–18, sonst 10–16 Uhr, Eintritt 100 NOK
Norsk Folkemuseum (Freilichtmuseum) 2: Museumsveien 10, www.norskfolkemuseum.no, Mitte Mai–Mitte Sept. tgl. 10–18, sonst Mo–Fr 11–16 Uhr, Eintritt 160, Kinder 40 NOK
Oscarshall 3: Oscarshallveien 805, Bygdøy, www.kongehuset.no, Bus 30: Bygdøy kongsgården, Anf. Sept.–Mitte Sept. Sa/So 11–17, Mitte Mai–Aug. Mi–So 11–17 Uhr, Erw. 70, Kinder 40 NOK

KULINARISCHES FÜR ZWISCHENDRIN

Gute norwegische Küche für relativ wenig Geld bekommt man im **Café Arkadia im Norsk Folkemuseum,** während am Strand von Huk das Strandrestaurant **Hukodden** 1 (tgl. 12–23 Uhr) auf Besucher wartet. Am schönsten (und teuersten) aber kann man den Bygdøy-Besuch im Insellokal **Lille Herbern** (► S. 48) ausklingen lassen. Nur wer mit dem *bysykkel* anradelt oder einen etwa 1 km langen Fußweg nicht scheut, kann auch das charmante Sommercafé **Rødeløkken** 2 (Wedelsvei 1, www.rodelokken.no, Mai–Sept. tgl. 11–17 Uhr) besuchen, das berühmt ist für Fjordsicht und einfache Gerichte (ab 170 NOK) serviert.

BYGDØY PER FAHRRAD

Von der *bysykkel*-Fahrradstation (► S. 112) vor dem Norsk Folkemuseum lassen sich die Strände radelnd erkunden. Aber auch für die rund 5 km lange Anfahrt (und/oder Abfahrt) ist das Fahrrad wie geschaffen. Die am günstigsten gelegene Radstation im Stadtzentrum ist am Vestbaneplass beim Nobel-Friedenszentrum. Wegen der vielen Passanten geht es schiebend entlang dem Kaiweg Stranden, dann über die kleine Kanalbrücke, bevor Frognerstranda, Norwegens meistfrequentierter Radweg, erreicht ist, der 1,5 km weiter nach Bygdøy hinüberführt.

Cityplan: A–D 4–8 | **Bus** 30: Bygdøy oder **Boot** 91: Dronningen ben hatte (u. a. ein mit Schnitzereien verzierter Wagen und drei Prachtschlitten), als der reichste Grabfund aus der Wikingerzeit in Norwegen. Angesichts der nahezu kultischen Präsentation dieses 22 m langen und 5 m breiten Prunkstücks der Ausstellung versteht man, welch herausragende Bedeutung die Wikingerzeit, die dem Land den heroischen Höhepunkt seiner Geschichte brachte, für die Norweger noch heute hat.

In zwei 1932 angebauten Seitenflügeln sind das 1880 bei Sandefjord gefundene Gokstad-Schiff und das 1876 bei Fredrikstad ausgegrabene Tune-Schiff zu besichtigen. Das Gokstad-Schiff gilt als ein Wunder an Seetüchtigkeit, wie der spätere norwegische Seefahrtdirektor Magnus Andersen nachwies: 1893 fuhr er mit der Viking, einer exakten Kopie des Schiffes, von Norwegen aus innerhalb von 28 Tagen über den Atlantik, um an der Weltausstellung in Chicago teilzunehmen. Der schnittige Bootskörper misst rund 24 x 5 m, hatte 16 Ruderpaare, ein Segel von wahrscheinlich 110 m² Fläche und machte damit, wie man berechnete, an die 12 Knoten Fahrt, also immerhin gut 20 km/h. Der bislang letzte Gokstad-Nachbau, die Gaia, querte 1990 den Atlantik und wird heute noch von abenteuerlustigen Enthusiasten genutzt.

Doch ganz anders als bei Wickie: ehrfürchtiges Staunen vor den beeindruckenden Exponaten im Wikingerschiffmuseum

Frei, Licht, Museum!

Das **Volkskundemuseum** 2, das 1894 als erstes Freilichtmuseum des Königreichs eröffnet und bald darauf mit einem ethnografischen Landesmuseum verbunden wurde, vermittelt ein ebenso großartiges wie umfassendes Bild norwegischer Kultur aller Jahrhunderte. In der Freilichtabteilung finden sich über 155 Gebäude, die aus dem ganzen Land zusammengetragen und hier auf einer Fläche von über 14 ha wieder aufgebaut wurden: Stadthäuser und Bauernhöfe, Speicher und Fischerhütten ebenso wie Kirchen, darunter die Stabkirche von Gol, das Kleinod der Ausstellung, die um 1170 erbaut und 1881 auf Veranlassung von Oscar II. aus Gol im Hallingdal hierher gebracht wurde.

Das Verschiedenartige der Jahrhunderte und Landschaften zeigt sich aber auch im Innern der Häuser, in denen Hausrat, Werkzeug und sakrale Kunstgegenstände ausgestellt sind. Im Rahmen ei-

S SOUVENIR

Wenn man etwas typisch Norwegisches sucht, sollte man mal in der Museumsbutikk des Norsk Folkemuseum stöbern. Die größte Auswahl an Wikingerschmuckkopien im Königreich bietet der Shop des Vikingskipshuset.

Die Stabkirche von Gol ist auf dem Gelände des Volkskundemuseums zu bewundern.

F
FOLKLORE

Im Telemarkstunet des Norsk Folkemuseum werden Ende Juni–Mitte Aug. tgl. um 14 Uhr (sonst nur So) norwegische Folkloremusik und Tänze aufgeführt. Die Folkloredarbietungen der Norsk Folkemuseums Dansegruppe finden im Sommer zu wechselnden Terminen statt. Infos über das Touristenbüro. Das Ensemble, das 2014 60-jähriges Jubiläum feiert, wurde 1980 als erste skandinavische Tanzgruppe mit dem Europäischen Volkskunstpreis ausgezeichnet.

nes Spaziergangs kann man hier eine kulturhistorische Reise durch 800 Jahre Geschichte antreten und nebenbei u. a. Volkstanz- und Volksmusikaufführungen sowie Vorführungen des traditionellen Handwerks erleben. Um sich auch nur einen ungefähren Überblick über dieses, wie es heißt, besuchenswerteste Museum des Landes zu verschaffen, sollte man mindestens einen halben Tag Zeit mitbringen und möglichst den Museumsführer (auch auf Deutsch erhältlich) erstehen.

Pack die Badehose ein!

Von der Bushaltestelle des Norsk Folkemuseum sind es mit Bus Nr. 30 wenige Fahrminuten zur Endstation **Huk** ❶ an der gleichnamigen Badebucht, dem populärsten Badeplatz der Stadt mit Felsküste, Wiesenufer und drei Sandstränden (am westlichsten Strand ist FKK gestattet). Nicht selten kommt es zu spontanen Strandvolleyball-Wettkämpfen. Es gibt u. a. Duschen, Toiletten und Trinkwasser. Strand Nr. 2 auf Bygdøy ist die von der Bushaltestelle Huk aus wenig mehr als 500 m entfernte **Paradisbukta** ❷ mit Sand-/Steinstrand, guten Bademöglichkeiten nebst Duschen und Toiletten sowie einem Kiosk. Der Strand ist auch bei der LGTI-Community beliebt, doch eigentlicher Gay-Strand ist der weiter nördlich angrenzende **Homolulu** ❸.

UM DIE ECKE

Oscarshall 3, das Mitte des 19. Jh. erbaute neogotische Lustschloss u. a. mit einem Park am Fjordufer, liegt wenige Gehminuten von den beiden Museen ebenfalls an der Route des Bus Nr. 30. Einen Besuch lohnen auch das **Fram-**, das **Kon-Tiki-** (► S. 47) und das **Norsk Maritimt Museum** (► S. 47).

Monumental skulptural – **die Vigeland-Anlage**

\# 10

Der Vigeland-Park, mit über einer Million Besuchern im Jahr Oslos beliebteste Attraktion, ist als ein Glanzstück der Bildhauerkunst weit über die Grenzen Norwegens hinaus berühmt – und das nicht nur wegen der sprichwörtlichen Monumentalität dieser groß gedachten Verherrlichung des Menschseins.

Viele Menschen gibt's, die haben Zeit ihres Lebens an Kindheitstraumata zu leiden, doch nur wenigen ist es vergönnt, solch frühe seelische Erschütterungen zu verarbeiten, geschweige denn zu transzendieren und in ein schöpferisches Werk von visionärer Größe umzusetzen. Gustav Vigeland (1869–1943), Norwegens berühmtester Bildhauer, gehört dazu, und wenn man durch sein Lebenswerk kunstwandelt, die nach ihm benannte Vigeland-Anlage in Oslos Frogner-Park,

Detail im Vigeland-Park: Was mitunter lustig aussieht, ist in Wahrheit die Verarbeitung bitterer Kindheitserlebnisse.

springt dieser Zusammenhang dem sensiblen Betrachter förmlich ins Auge.

Ein steinernes Gleichnis

Zumindest auf den zweiten Blick, denn der erste wird ganz und gar von der Monumentalität dieses Skulpturenparks gebannt, in dem sich – in Gruppen zusammengefasst – 221 Skulpturen mit etwa 650 Figuren auf einer 850 m langen Achse aneinanderreihen. Fast die ganzen letzten 22 Jahre seines Lebens hat der geniale Künstler daran gearbeitet. Um verwirklichen zu können, was ihn nicht mehr losließ, schloss er mit der Stadt Oslo einen merkwürdigen Vertrag: Er vermachte all seine bisherigen Werke der Stadt und forderte als Gegenleistung ein Atelier und die Mittel, die er zur Vollendung seiner Vision benötigte, das menschliche Leben von der vorbewussten Kindheit bis zur nachsinnenden Ruhe des Alters, mitsamt Glück und Trauer, Hoffnung und Verzweiflung in all seinen Phasen darzustellen und so ein steinernes Gleichnis des Lebens selbst zu schaffen.

Ü
ÜBRIGENS

Im Jahr 1902 entwarf Gustav Vigeland die Medaille zum Friedensnobelpreis, der im Jahr zuvor erstmalig vergeben wurde.

Auf Kindheitsspuren

Nachdem man das siebentorige **Hovedportalen** 1 (Hauptportal) am Kirkevei durchschritten und das Besucherzentrum passiert hat, geht es in direkter Linie auf die 100 m lange und 15 m breite **Broen** 2 (Brücke) zu, die von 58 Bronzeskulpturen flankiert wird. Dargestellt sind Kinder, Männer und Frauen, allein oder in Gruppen. Dominantes Motiv ist das Verhältnis zwischen Mann und Frau sowie insbesondere zwischen Eltern und Kindern.

Betrachtet man die einzelnen Skulpturen aus der Nähe, so drängt sich das Bild eines Künstlers auf, dessen Kindheit sowie auch Verhältnis zu Vater und Mutter, zur Frau schlechthin, gestört war. In der Tat hat Vigeland einmal über sich selbst gesagt, dass er seine Kindheit immer in sich getragen habe, den jähzornigen und tyrannischen, vom protestantischen Fundamentalismus geprägten Vater, der ihm, durchaus auch mit der Peitsche, das Leben von Anfang an zur Hölle gemacht und ihm immer eingebläut habe, dass Frauen unrein, dem Bösen verbunden und eigentlich keine Menschen seien.

Reale Menschen oder Skulpturen? Schattenspiel im Vigeland-Park.

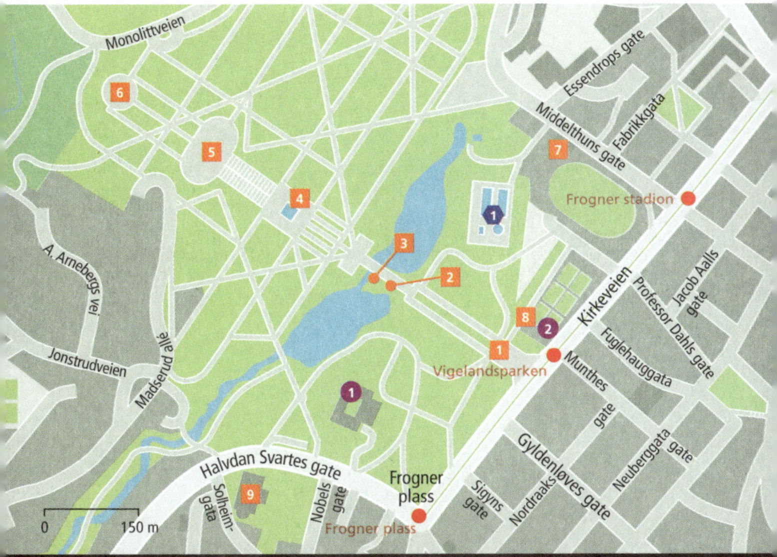

Cityplan: D–E 1–2 | **Bus** 20 oder **Tram** 12: Vigelandsparken

INFOS/ÖFFNUNGSZEITEN

Vigeland-Park: www.vigeland.museum.no, durchgehend geöffnet, Eintritt frei. Das **Vigeland Besøkssenter** (Besucherzentrum) 8 liegt direkt hinter dem Haupteingang am Kirkeveien, dort auch Mitbringsel zu Gustav Vigeland und seiner Kunst.

EIN BLICK INS ATELIER

Vom Schaffensdrang des Künstlers Gustav Vigeland zeugt das **Vigeland-Museet** 9 (Nobels gate 32, www.vigeland.museum.no, Juni–Aug. 10–17, Sept.–Mai Di–So 12–16, Uhr, Erw. 80, Kinder 40 NOK) im ehemaligen Atelier des Meisters am Südrand des Vigeland-Parks: Es gilt als echter Geheimtipp und birgt 1650 Plastiken und 3700 Holzschnitte sowie etwa 11 000 Zeichnungen.

KULINARISCHES FÜR ZWISCHENDRIN

Der Vigeland-Park ist geradezu ideal zum Picknicken. Zudem laden mehrere Gartencafés und -restaurants im Frogner-Park ein, doch keines kann sich mit dem **Herregårdskroen** 1 (Frognerveien 67, www.herregaardskroen.no, Ostern–Sept. Mo–Sa ab 12, So ab 13 Uhr) messen, der mit dem Oslo Bymuseet (► S. 81) im alten Gutshof untergebracht und wohl eines der beliebtesten Gartenlokale der Stadt ist. Im Schatten alter Bäume kann man sich an günstigen wie einfachen Gerichten der norwegischen und internationalen Küche erfreuen. So z. B. an Quiche Lorraine (185 NOK) oder Pizza (ab 185 NOK). Einen denkbar guten Gegenwert bieten die Fischgerichte (ab 195 NOK). Auch die Weinkarte kann sich sehen lassen, ein Glas kostet nicht viel mehr als ein Bier.
Das dem Besucherzentrum (s. oben) angeschlossene **Kafé Vigeland** 2 (Juni–Aug. tgl. 9–20.30, April, Mai, Sept. 10–19, sonst 10–16 Uhr) ist eine Empfehlung für Kaffeeliebhaber; es werden u. a. auch französisch inspirierte Kuchenkreationen und deftige Gerichte serviert.

Bei so vielen Kunstwerken tut eine Pause mal gut. Doch auch an der Monolithen-Säule gibt es unglaublich viel zu entdecken: Die Säule besteht aus 121 Figuren und ist von 36 Figurengruppen aus Granit umgeben.

Das sieht man den skulptierten Frauen an, die zwar liebevoll dargestellt sind, aber doch stets mit einem Blick, der ins Leere geht. Auch die Kinder machen alles andere als einen glücklichen Eindruck, und gerade die Vater-Kind-Gruppen lassen tief in die Seele des Künstlers blicken, der einen regelrechten Hass auf seinen Vater entwickelt hatte, da dieser ihn, wie er einmal sagte, seiner gesamten Kindheit beraubt habe. Pointiert ausgedrückt wird diese Vater-Sohn-Problematik durch den im Zentrum der Brückenbalustrade stehende **Sinnataggen** 3 – ein Knabe, der voller Zorn die Hände zu Fäusten ballt und mit dem Fuß aufstampft.

Das Rad des Lebens

Von der Brücke aus ist es nur ein kurzes Wegstück zur **Fontenen** 4, dem ›Brunnen‹, der von einem 1800 m² großen Irrgarten aus weißem und schwarzem Granit umgeben ist, dessen geometrisches Muster ein insgesamt 3000 m langes Labyrinth formt. Es wird flankiert von insgesamt 20 Baumgruppen, unter deren Kronen sich das gesamte Leben der Menschheit zwischen Geburt und Tod entwickelt.

Vom Brunnen aus, der gemeinhin als ›Lebensbrunnen‹ interpretiert wird, führt eine Treppe ins

Zentrum dieser gewaltigen Anlage hinein. Sie wird gebildet durch den 17,3 m hoch aufragenden **Monolitten** 5, ›zusammengesetzt‹ aus 121 ineinander verschlungenen Menschenleibern. Aufgrund seiner stilisierten Phallusform wird die Monolithen-Säule gemeinhin als Fruchtbarkeitssymbol und Ursprung allen Lebens gedeutet. Umgeben ist sie von 36 Figurengruppen aus Granit.

So kommt man zur letzten Skulptur an der durch die Anlage führenden Achse: zum **Livshjulet** 6. Dieses ›Lebensrad‹, das durch einen Reigen von bronzenen Kindern, Frauen und Männern Hand in Hand dargestellt wird, will als Symbol für die Unendlichkeit verstanden werden, für den Weg des Menschen von der Geburt bis zum Tod. So sagen es zumindest die Fremdenführer, auch wenn des Künstlers eigene Antwort auf die Frage nach dem Sinn seines gewaltigen Lebenswerks alles offen lässt: »Jeder kann es sich erklären, wie er will«.

Relaxen

Kunstwandeln kann müde machen. Wer Entspannung sucht, findet sie im rund um die Uhr geöffneten **Frogner-Park** (🕮 D–E 1), von dem die Vigeland-Anlage lediglich ein Teil ist. Der gepflegete Rasen der mit Abstand meistbesuchten Grünfläche der Stadt darf überall betreten und belegen werden, und zum Entspannen ist das weitläufige Gelände dieses wichtigsten Erholungsgebietes für Downtown Oslo wie geschaffen.

UM DIE ECKE

Um Kunst in einem anderen Sinn geht es im nahen **Skøytemuseet** 7 (Middelthuns gate 26, http://skoytemuseet.no, Di 10–14, So 12–15 Uhr, Erw. 20, Kinder 10 NOK). Dieses ›Schlittschuhmuseum‹ stellt die Geschichte des Eisschnell- und des Eiskunstlaufs anhand von Bildern, Schlittschuhmodellen und vor allem auch Auszeichnungen von Europameistern, Weltmeistern und Olympiasiegern dar. Die Pokalsammlung, die u. a. die Trophäen von Axel Paulsen (1855–1938) und Oscar Mathisen (1888–1954), den wohl berühmtesten Eislaufmeister aller Zeiten, umfasst, ist weltweit ohnegleichen.

B
BADEN

Ist es Hitze, die zu schaffen macht, empfiehlt sich ein Sprung ins kühle Nass des mit allem Komfort eines modernen Großstadt-Schwimmbades ausgestatteten **Frognerbad** 1 (Mitte Mai–Mitte Aug. Mo–Fr 7–19.30, Sa/So 10–18, in der Hochsaison Fr bis 20.30 Uhr, Erwachsene 98–108 NOK, Kinder 48–53 NOK). Es umfasst drei Schwimmbecken und eine Wasserrutsche und ist mit Abstand das populärste Freibad der Stadt.

\# 11

Natur und Industrie – **am Ufer der Akerselva**

Dem einzigartigen Mix aus unberührter Natur und pulsierendem Großstadtleben verdankt Oslo sein spezielles Flair. Das erfährt man vielleicht am besten bei einer Radtour entlang des Ufers der Akerselva. Ihr klares Wasser spiegelt nicht nur Wiesengrün, sondern auch schön sanierte alte Bausubstanz und postmodern durchgestylte Architektur.

Am Anfang war die Wasserkraft der Akerselva, des größten und wichtigsten Flusses der Stadt. An seinem Ufer klapperten schon im 14. Jh. die ersten Getreidemühlen, und hier war es, wo um 1850 herum auch die Industrialisierung Norwegens begann. Mit ihr strömte das Proletariat in die Stadt, und während das Westufer der Akerselva die Profiteure der Industriellen Revolution beherbergte und Bürgerdomäne wurde, so wurde das Ostufer zum Arbeiterviertel.

Nach dem Zweiten Weltkrieg setzte dann der funktionale Verfall ein, aber erst ab den 1970er-Jahren wurde großflächig saniert. Bis jedoch die industrielle Abwasserkloake Akerselva wieder zu dem glasklaren Lachsfluss wurde, der sie einst war, mussten noch einmal fast zwei Jahrzehnte vergehen. Der Öko-Durchbruch kam mit Fertigstellung des Akerselva Miljøpark (Umweltpark), der sich heute auf 200 bis 600 m Breite

Der Jazztempel Blå ist der angesagte Musikclub im Viertel.

vom Trinkwassersee Maridalsvannet bis zur rund 8 km entfernten Vaterlands-Brücke nahe der Mündung des Flusses in den Oslofjord erstreckt.

Im Rücken der Stadt

Ein durchgehender Uferweg erschließt das neu geschaffene Refugium. Er beginnt am **Brekkedamm** 1 des **Maridalsvannet** 2 im Ortsteil Kjelsås, wohin man am besten mit dem Nahverkehrszug gelangt (Fahrräder werden transportiert). Vom Damm aus genießt man ein weites Panorama über das glasklare Wasserblau des Sees auf die dunkel bewaldeten Höhen der Marka, die nach Norden den naturschönen Rücken der Stadt bildet.

Dann ein leichter Druck auf die Pedale, und mit sanftem Gefälle geht es auf den für Autos gesperrten Weg, der meist im Baumschatten entlang der unreguliert dahinplätschernden Akerselva verläuft. Die Blätter der alten Laubbäume rauschen, bunte Wildblumen sind ins Wiesengrün der Ufer eingestreut, und auf den ersten Kilometern begreift man förmlich mit allen Sinnen, warum Oslo als grünste Metropole Europas aus jedem gewohnten Rahmen fällt.

Das Leben der Arbeiter

Bevor der Radweg einen steilen Hang hinunterführt, kommt man zu der wunderschön gelegenen Beierbrua, wo sich der Fluss viele Meter in die Tiefe stürzt. Folgt man dem Sagveien, vorbei an dem beeindruckenden Backsteinbau, einst die Hjula-Væveri (Weberei), gelangt man zum (kostenlosen) **Arbeidermuseet** 3. Die von 1870–1905 betriebene und damals dringend benötigte Sagene Apotheke war ein ungewöhnlich prachtvolles Gebäude in einem von Arbeiterkaschemmen aus Holz geprägten Viertel. Von 1924–1940 befand sich dann darin eine Unterkunft für wohnungslose, arbeitssuchende Frauen und ein Café, das eine Alternative zu den vielen Kneipen bieten sollte. Man bedenke: Damals war Schnaps billiger als Milch und Alkoholismus ein großes Problem. Auf der anderen Seite der Brücke bietet es sich an, im roten **Hønse-Lovisas hus** 4 – einstiges Wohnhaus eines Sägewerkbetreibers – die ausgestellte Kunst zu genießen und bei Kaffee und Waffeln neue Kräfte zu sammeln.

G
GENESEN

In Zeiten der Industrialisierung verkam der Fluss zu einer stinkenden Kloake und wurde nicht von ungefähr als »hässliche Runzel im Angesicht der Stadt« bezeichnet. Je nachdem, welche Farbe die jeweiligen Textilfabriken gerade einsetzten, färbte die Akerselva sich grün, blau oder violett. Zwangsläufig nahmen auch die vielen Ratten ein entsprechend buntes Kolorit an.
Mittlerweile ist die Wasserqualität der Akerselva wieder überdurchschnittlich gut, und da sich auch viele tiefe Abschnitte im Fluss finden, erfreut er sich an warmen Sommertagen bei Badegästen großer Beliebtheit.

In der Markthalle ›Mathallen‹ finden sich viele Spezialitätengeschäfte und Restaurants.

Grünerløkka

Je weiter es flussabwärts geht, desto dichter wird die Bebauung, und nach 6 km ist man bereits wieder mitten in der Stadt, konkret in Grünerløkka (▶ auch S. 62), früher das größte Arbeiterviertel der Stadt. Seine Nordgrenze wird durch die aus Stahl und Granit erbaute **Sannerbrua** 5 markiert. Es schließt sich bald die 1852 erbaute und 1958 von Åmot in der Telemark hierher ›umgesiedelte‹ **Åmot bru** 6 an. Sie gilt als die älteste Kettenbrücke des Landes, schwingt über dem kleinen Øvre Foss (Wasserfall) und blickt auf das imposante Industriegebäude der 1858 gegründeten **Christiania Seildugsfabrikk** 7. Diese Segeltuchfabrik zählte gegen 1912 mit rund 1100 Beschäftigten zu den größten Industriebetrieben des Landes und war lange Zeit auch nach dem Königlichen Schloss das größte Gebäude von ganz Norwegen. In den 1960er-Jahren dann wurde der Betrieb eingestellt.

Südlich von Kuba

Auf der anderen Flussseite wird die **Rotunde Kuba** 8 passiert, eine große, kreisrunde Asphalt-/Betonfläche, die u. a. für Konzerte dient. Dann geht es zum **Nedre Foss** 9, dem letzten Wasserfall vor der Mündung. Auf dem Weg zum Katarakt passiert man das 53 m hohe, 2002 mit dem Architekturpreis der Stadt Oslo ausgezeichnete **Grünerløkka studenthus** 10 (Studentenwohnheim), ehemals das Kornsilo der Stadt. Einen ganzes Stück südlicher, auf der anderen Seite der Akerselva, wohin eine Fußgängerbrücke führt, lädt der ebenfalls in einer umgebauten Fabrik eingerichtete **Jazztempel Blå** ✱ (▶ S. 108) auf eine Pause ein. Im Sommer wird hier nachmittags ein Gartenlokal betrieben, es liegt direkt über dem Flussufer und gilt als bevorzugter Schönwettertreff im Szeneviertel.

Hinter der nächsten Flussbiegung liegt die **Ankerbrua** 11, der 1926 aus Granit gebauten, später mit vier bronzenen Skulpturengruppen geschmückten Brücke – u. a. sieht man hier Peer Gynt auf dem Rentier reiten. Sie markiert den Weg ans Ostufer, wo bei der **Nybrua** 12 die Grenze des historischen Viertels Grünerløkka überschritten wird.

Ü
ÜBRIGENS

Wenn 8 km als zu lang erscheinen oder man sich auf den kulturhistorisch interessanten Wegabschnitt begrenzen will, bietet sich die **Sannerbrua** als alternativer Startpunkt an. So reduziert sich die Strecke auf rund 2 km. Auch nahe der Sannerbrua findet sich eine Fahrradstation: Alexander Kiellandsplass (Anfahrt mit Bus 21, 33, 34 und 54).

Ein Viertel mit Geschichte: Vaterland

Von nun an verläuft der Weg stets im Grünen am Ostufer entlang durch das historische Stadtviertel

Vaterland, das vom 17. bis zum frühen 20. Jh. außerordentlich dicht besiedelt war. Die Ufer waren fast nahtlos bebaut, es herrschten drangvolle Enge und größte Armut. Erst ab den 1970er-Jahren wurde das Schmuddelviertel schrittweise abgerissen und in großem Maßstab im Stil der Zeit wieder neu bebaut. Doch auch an sanierter, alter Bausubstanz herrscht kein Mangel. Dieser Kontrast zwischen den modernen Spiegelglasfronten und den historischen Backsteinbauten im Saum vom Wasserblau und Weidengrün des Vaterland-Parks ist es, der den besonderen Reiz dieses Wegstücks ausmacht.

Ein paar Meter noch, dann verschwindet die bis zu ihrer Mündung in die Bucht Bjørvika am Paulsenkai überbaute Akerselva. Doch da in dem immerhin gut 700 m langen Flusstunnel Lampen angebracht wurden, können heute kleine Boote wieder wie in alter Zeit vom Fjord bis hinauf zum Nedre Foss verkehren.

INFOS/ÖFFNUNGSZEITEN

Die reine Radstrecke beläuft sich lediglich auf rund 8 km, Steigungen sind wenige zu bewältigen, aber im Sinne des Erlebnisses sollte man für die Tour einen halben Tag ansetzen.
Einen Fahrradverleih gibt es nicht in Kjelsås am Maridalsvannet, und so muss man sein *bysykkel* vom Stadtzentrum aus mitbringen. Eine Fahrradstation findet sich z. B. an der Havnegata beim Bahnhof. Eine Station gibt es ca. 3,5 km südlich von Kjelsås nahe der U-Bahnstation Nydalen.

KULINARISCHES FÜR ZWISCHENDRIN

Einfache Mahlzeiten gibt es im Kulturcafé **Hønse-Lovisas hus** ❶ (Sandakerveien 2, www.honselovisashus.no, Mi–So 11.30–16.30 Uhr), das in einem 1800 erbauten Holzhaus untergebracht ist. Von der Grünerbrua aus sowie auch vom Telthusbakken bietet sich ein kulinarischer Abstecher zu den **Mathallen** ❷ (► S. 97) an.

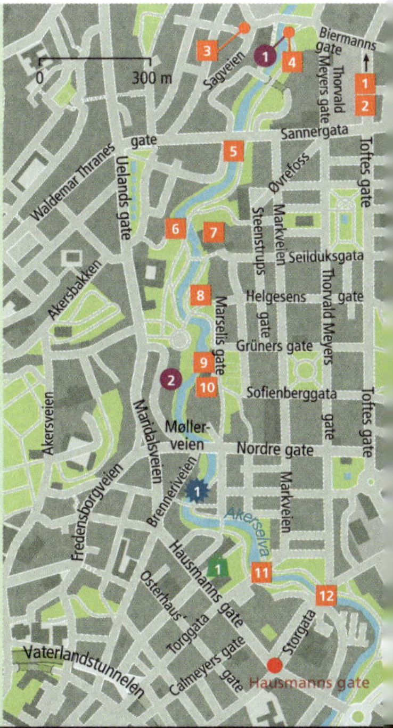

Cityplan: Karte 4 und J/K 1–4 | **Bus** 54, **Nahverkehrszug** oder **Tram** 12: Kjelsås

12

Vintage-Shopping und Kaffeekultur – **Grünerløkka**

Grünerløkka ist anders als der Rest von Oslo. Das In-Viertel hat eine klassische Gentrifizierungs-›Karriere‹ hinter sich – vom schäbigen Arbeiter- und Industrieviertel zum alternativen Künstler- und Kreativquartier.

Dann kamen die Galerien und das Geld und mit ihnen stiegen die Mieten. Mittlerweile ist der Stadtteil Zuhause von Designern, jungen Familien und Hipstern, hat sich jedoch noch seinen Charme bewahrt und vereint auf besondere Art Elemente aus allen Abschnitten seiner Geschichte. Wer das trendige Grünerløkka erleben möchte, wie es seine Bewohner tun, der sollte sich in den vielen Second-Hand-Läden individuelle Outfits zusammenstellen und zwischendurch die fantastische Baristakultur entdecken. Kaffee und Klamotten, Koffein und Konsum sind zwei wichtige Pfeiler des Viertels.

Shoppen jenseits vom Mainstream

Wer sich die Zeit nimmt und mal einen Blick darauf wirft, in was die Osloer so ihre Körper

Schick, trendy, jung, aber auch oft kostspielig: Wer was Besonderes sucht, wird in Grünerløkka mit Sicherheit fündig.

hüllen, dem wird auffallen, dass die Mehrheit als recht gut gekleidet durchgeht. Internationale Trends sind hier in Europa mit als erstes auf der Straße zu sehen. So schnell sich angesagte Stile durchsetzen, so konsequent tun sie es auch und führen unter Umständen zu einem geradezu einheitlichen Look, was auch daran liegt, dass hohe ›Schutzzölle‹ dafür sorgen, dass nur eine Handvoll skandinavischer Modeketten, wie zum Beispiel H&M, Cubus und Bik Bok, erschwinglich sind. Diese Läden kann Mann und Frau überall in der Stadt finden. Individualisten und Hipster suchen und finden Besonderes, das nicht von der Stange kommt, in Grünerløkka. Hier haben sich viele kleine unabhängige Boutiquen niedergelassen. Im Markveien siedelten sich in den letzten Jahren eine ganze Reihe von Second-Hand-Läden an, die leider meist nicht so günstig wie erwartet sind, aber dafür ein besonderes Einkaufserlebnis bieten.

Erstklassiges aus zweiter Hand

Das **Ny York 2nd Hand** 1 am Ende des Markveien ist ein kleiner, bunter Laden, der zum Stöbern einlädt. Der Schwerpunkt liegt auf norwegischer Kleidung aus den 1980er- und 90er-Jahren und allerlei Klimbim, wie Schuhen, Taschen und Schmuck. Schräg gegenüber liegt das **Gatsby Brukt og Antik** 2, das von einer älteren Dame geführt wird. In dem mit Gerümpel und Schätzen vollgestopften Trödelladen scheint es fast alles zu geben, vorausgesetzt man findet es: Möbel, Teeservice, Ölgemälde, Lampen, Schmuck und die Liste geht weiter. Die Preise variieren von günstig bis zu überteuert und scheinen von der Stimmung der Besitzerin abzuhängen.

Frøken Dianas Salonger 3 liegt nur einen Steinwurf weiter auf dem Markveien. Der freundliche und überraschend geräumige Vintage-Conceptstore verkauft Gebrauchtes, aber auch Neues – eben was modebewusste Damen so in den 1960ern, 1970ern und später trugen.

Jünger ist das Zielpublikum im **Robot** 4, dem vielleicht stylishten und nichtdestotrotz äußerst sympathischen Laden. Auch hier findet sich eine gute Auswahl an importiertem *preloved vintage*, Taschen und vielen Sonnenbrillen mit guter Musik im Hintergrund. Am Olaf Ryes plass lädt **Fretex**

M
MÄRKTE

Und sonntags?
Da geht man im Viertel zum **Søndagsmarked på Blå** (Brenneriveien, Blå, ► S. 100), der sich als Floh- sowie auch Kunstmarkt versteht. Zur Adventszeit lohnt der Weihnachtsmarkt **Julemarked på Blå** (► S. 103) den Besuch. Auf Oslos populärstem Flohmarkt **Birkelund Marked** (► S. 100) dreht sich das Hauptgeschäft um Geschirr, Kleider, Bücher, Platten und Krimskrams. Und während die meisten Geschäfte sonntags zu haben, sind viele der Vintags-Läden geöffnet.

N
NOCH WAS

Der mehr als 500 m lange und rund 150 m breite **Sofienbergparken** (K/L 2) ist der größte des Viertels und *der* Treff der jüngeren Generation. Angeblich wird stadtweit auf grüner Wiese nirgends mehr geknutscht als auf dem ehemaligen Friedhof, der an milden Sommerabenden vor Leben überquillt.

Macht einfach Spaß: Stöbern und Neues entdecken in Grünerløkka.

Unika [5], einer der Second-Hand-Läden der Heilsarmee zum Stöbern ein. Es fehlt das herrliche Ambiente und unter den Klamotten befindet sich einiges, das den Betrachter ob vergangener Modeverirrungen zum Lachen bringt, aber hier gibt es echte Schnäppchen.

Das **Velouria Vintage** [6] in der Parallelstraße Thorvald Meyers gate bietet eine beträchtliche Menge an T-Shirts mit unterschiedlichsten Motiven von (Rock-) Bands bis zu 1990er-Jahre Fernsehshows. Aber auch andere Männer- und Frauenkleidung warten auf eng behängten Stangen darauf, entdeckt zu werden.

Kaffeekultur und Modebohne

So ein Einkaufsbummel kann müde machen, doch in Oslo und insbesondere in Grünerløkka kommt man nicht weit, bevor einem ein Schild im Schaufenster Abhilfe in Form von exzellenten Kaffee verspricht.

Kaum eine Nation der Welt trinkt – die Finnen einmal ausgenommen – dermaßen viel Kaffee wie die Norweger. Am Morgen, zum Kuchen, nach dem Essen und in einer Thermoskanne beim Wandern – keine Frage, der dunkle Wachmacher ist ein omnipräsentes Gesellschaftsgetränk und steter Begleiter im norwegischen Alltag. Aber er wird nicht nur stupide heruntergestürzt, sondern zelebriert und kultiviert. Oslo blickt bereits auf eine lange Kaffeetradition zurück, aber in den letzten Jahren ist die Zahl von Röstereien und Cafés explodiert und Oslo zur Kaffeehauptstadt Skandinaviens avanciert. Viele Baristas widmen sich hier mit absoluter Hingabe dem Rösten, Mahlen, Mischen und dem Entwickeln der ›heißesten‹ internationalen Trends. Das Geheimnis, sagen die Fans, sind Spitzen-Qualitätsbohnen, eine außergewöhnlich leichte Röstung, genaues Timing und Ruhe bei Zubereitung und Genuss. Die Zeiten von »Double Skinny Vanilla Latte's« im Pappbecher zum Mitnehmen sind vorbei – die Baristakünstler der dritten Welle setzen auf Filterkaffee und feine Geschmacksnuancen. Bestellt wird beispielsweise ein brasilianischer Sitio da Torre im Kalita-Filter im minimalistischen Ambiente, denn nichts soll vom reinen Genuss ablenken. Für wen Kaffee gleich Kaffee ist, wird sein blaues Wunder erleben.

INFOS/ÖFFNUNGSZEITEN

Ny York 2nd Hand 1: Markveien 58, www.nyyork.no, Mo–Sa 12–18 Uhr
Gatsby Brukt og Antik 2: Markveien/Ecke zur Torvbakkgata (südl. Seite), Mo–Fr 12–18, Sa 12–17 Uhr
Frøken Dianas Salonger 3: Markveien 56, www.frokendianassalonger.no, Mo–Sa 11–18, So 12–17 Uhr
Robot 4: Korsgata 22 (Eingang Markveien), Mo–Mi 11–18, Do/Fr bis 18.30, Sa bis 17.30, So 13–16.30 Uhr
Fretex Unika 5: Olaf Ryes plass 3, www.fretex.no, Mo–Fr 11–18, Sa 10–17 Uhr
Velouria Vintage 6: Thorvald Meyers gate 34, www.velouriavintage.no, Mo–Fr 11.30–19, Sa 11–18, So 12–18 Uhr

KULINARISCHES FÜR ZWISCHENDRIN

Tim Wendelboe 1: Grüners gate 1, www.timwendelboe.no, Mo–Fr 8.30–18, Sa/So 11–17 Uhr
Supreme Roastworks AS 2: Thorvald Meyers gate 18, www.srw.no, Mo–Do 7–18, Fr 7–21, Sa/So 10–17 Uhr

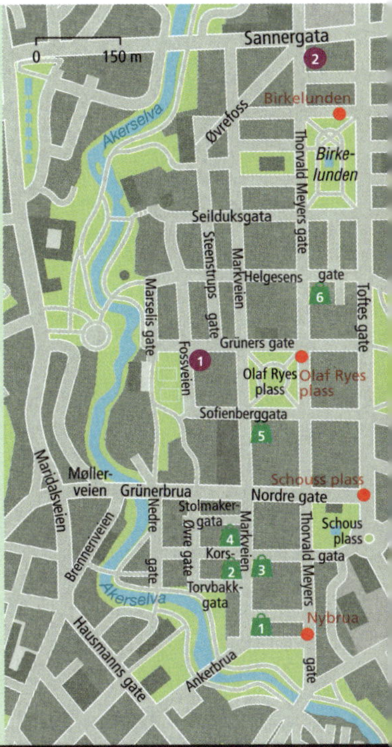

Cityplan: K/L 1–3 | **Tram** 13: Olaf Ryes plass, Schous plass oder Nybrua

Die Besten der Besten

Grünerløkka ist der richtige Ort, um nach den Besten der Stadt zu suchen. Heißer Anwärter ist **Tim Wendelboe 1**, der World Barista Champion war und andere beeindruckende Titel innehält. Ebenso ausgezeichnet, im wahrsten Sinne des Wortes ist sein gleichnamiges Café/Shop/Mikrorösterei in der Grüners gate, das meistens voll und somit etwas beengt ist. Und doch kommen Leute aus ganz Oslo für eine Tasse des Wachmachers hierher.

Doch auch **Supreme Roastworks AS 2** im nördlichen Grünerløkka ist ebenfalls mit Preisen geehrt (Sieger des Word Brewers Cup) und gilt als führend auf dem Gebiet Kaffee und guten Service. Wer von beiden nun den besten Kaffee der Stadt (Welt?) serviert, hat der kritische Genießer zu entscheiden, doch auch wem die feinsten Geschmacksnuancen nicht so wichtig sind, wird die Hingabe der Röster und Baristas zu schätzen wissen.

13

Verstörende Visionen – im Munch-Museum

Munch am Morgen kann einem schon mal auf den Magen schlagen, denn ein Ausspruch des Malers lautet: »Ich male nicht, was ich sehe, sondern was ich sah«. Und was er sah, hängt u. a. als »Melancholie«, »Asche« und »Tod«, »Todeskampf« und »Tote Mutter und Kind« an den Wänden des Munch-Museums, in dem das monumentale Vermächtnis des Künstlers an die Stadt Oslo ausgestellt ist.

Edvard Munch (1863–1944) ging es um den Blick hinter die äußere Fassade, er gab in seinen Bildern und Zeichnungen vor allem Not und Angst wieder – Angst, die zum Schrei wird, auf einer Brücke hallt, in die Tiefe führt und zur Expression wird. Doch auch das Leben sah er, als Antwort auf den Tod, die Vereinigung, Liebe, den Hass, das immerwährende sich Anziehen und Abstoßen.

Von Hohn zu Jubel

Visionen waren es, die er malte, und er erntete mit seinen »Schmierereien«, wie es ein Kritiker mal umschrieb, zuerst einmal nichts als Gelächter, Hohn und Verachtung. Dies in seinem Heimatland

Auf den Blick hinter die Fassade kommt es an: Einblicke im Munch-Museum.

wie auch in Berlin, wo er 1892 sein Debüt gab und große Empörung hervorrief – es kam zum Eklat: Man verstand seine Bilder nicht, im Künstlerverein brach ein Streit aus zwischen den Konservativen und denen, die bereits nach expressionistischen Ausdrucksformen suchten. Diese Auseinandersetzung, die zur Spaltung und Gründung der Berliner Sezession führte, ließ Edvard Munch zur Berühmtheit aufsteigen.

Auch in seiner Heimat blieb ihm die Anerkennung nun nicht mehr versagt, und der ›Bürgerschreck‹ von gestern, der plötzlich mit Cézanne, van Gogh und Gauguin zusammen genannt wurde, durfte nun die Aula der Osloer Universität ausschmücken, wurde 1933 gar zum Ritter geschlagen und mit dem Orden des hl. Olav geehrt. Noch im gleichen Jahr kamen seine Bilder in Deutschland als ›Entartete Kunst‹ auf den Index, und das Land, dem er seinen Durchbruch als Maler verdankte, wurde für ihn während seiner letzten Lebensjahre zum Trauma. Er starb am 23. Januar 1944 und hinterließ all seine Arbeiten der Stadt Oslo, die 1963 das **Munch-Museum** 1 eröffnete.

Ein Monumentalwerk

Edvard Munchs Vermächtnis an die Stadt Oslo umfasst etwa 1100 Gemälde, 18 000 Grafiken von 700 Motiven, 4700 Zeichnungen, Skulpturen,

▶ INFOS & LESESTOFF

Munch zur Entstehung des »Schreis«: »Ich ging mit zwei Freunden die Straße hinab. Die Sonne ging unter – der Himmel wurde blutrot, und ich empfand einen Hauch von Wehmut. Ich stand still, todmüde – über dem blauschwarzen Fjord und der Stadt lagen Blut und Feuerzungen. Meine Freunde gingen weiter – ich blieb zurück – zitternd vor Angst – ich fühlte den großen Schrei in der Natur ... Ich malte dieses Bild – malte die Wolken wie wirkliches Blut – die Farben schrien.«

aus: Ragna Thiis Stang, »Edvard Munch«, Wiesbaden 1982, S. 46

Druckplatten, Bücher, Notizbücher, Dokumente, Fotografien, Werkzeug, Requisiten und Möbel. Die unglaubliche Menge an Ausstellungsobjekten führte dazu, dass immer nur ein Teil gezeigt werden konnte. So beschloss man den Bau eines neuen Museums an der neuen Front zum Oslofjord Bjørvika (K 5). Entstehende Kosten? Zweitrangig, pompös muss es sein! Doch schon wurden kritische Stimmen laut, ist doch das alte Museum ein Besuchermagnet im sonst eher strukturschwachen Arbeiterviertel Tøyen, in eben jener Gegend, wo Munch viele Jahre lebte und wirkte. Doch der Entwurf des Lambda, eines futuristisch-anmutenden Gebäudes aus einer lichtfunkelnden Kombination aus Stahl, Aluminium und Glas setzte sich durch. Man stelle sich die Empörung vor, als das sündhaft teure, 13-stöckige Gebäude Gestalt annahm und zusätzliche Kosten von mehr als 200 Mio. NOK verursachte. Aber der Umzug wird kommen: Im Herbst 2020 soll das neue Museum mit allen Ehren eingeweiht werden.

INFOS/ÖFFNUNGSZEITEN

Munch Museet 1: Tøyengt. 53, Gamle Oslo/Grünerløkka, www.munchmuseet.no, Mitte Mai–Anfang Sept. tgl. 10–17, sonst tgl. 10–16, Do bis 21 Uhr, Erw. 120 NOK, der Eintritt ins Museum ist für Kinder gratis.

GANZ GEGENWARTSKULTUR

Nur 800 m ist man vom Munch-Museum entlang der Tøyengata zum **Interkulturelt Museum** 2 (► S. 79) unterwegs, das sich der internationalen Verständigung zwischen den Völkern widmet.

KULINARISCHES FÜR ZWISCHENDRIN

Café Stockfleths 1: Schouss plass 1, www.stockfleths.as, Mo–Fr 7–18, Sa 9–18 Uhr. Im einstigen Wohnhaus von Munch hat ein Café der Kette Stockfleth ganz der Barista-Kultur verschrieben. Im nordischen Design-Ambiente gibt es zudem Frühstück und leckere Snacks.

SPORTLICHE ENTSPANNUNG

In direkter Nähe des Munch-Museums kann man im **Frei- und Hallenbad Tøyenbadet** 1 (Helgesens gate 90, wechselnde Zeiten, meist von 7 bzw. 9–19 Uhr, Erw, 105–115 NOK, Kinder 25–30 NOK) entspannen.

Cityplan: L–M 3–4 | **Bus** 20: Munch-museet, **U-Bahn:** Tøyen

Und der wahre Star soll schließlich nicht die Fassade sein, sondern Edvard Munchs Kunst, wie seine berühmtesten Werke »Skrik« (Der Schrei) und »Madonna«. Beide Werke wurden übrigens im August 2004 von zwei bewaffneten Männern gestohlen und dabei erheblich beschädigt. Zwei Jahre später konnten die beiden Bilder, deren Gesamtwert auf ca. 90 Mio. € geschätzt wird, wieder sichergestellt werden, doch dauerte es zwei weitere Jahre, bis sie weitestgehend restauriert waren.

Auf Munchs Spuren

Trotz seines schwierigen Verhältnisses zu Oslo hat die Stadt Edvard Munch nachhaltig geprägt, sie findet sich immer wieder in seinen Bildern. Insbesondere Grünerløkka, wo der Künstler aufwuchs, spielte dabei eine entscheidende Rolle. Seine Familie und er lebten u. a. in dem Haus am **Schous plass 1,** wo heute ein kleines Schild den Eingang des **Cafés Stockfleths** ❶ schmückt. Am **Olaf Ryes plass 4** erinnert nichts mehr daran, dass Munch hier einst hauste. Keine fünf Minuten entfernt steht das Haus im **Fosseveien 7**, wo einzig eine kleine Plakette an seinen berühmten Bewohner erinnert. Hier verstarb seine ältere Schwester an Tuberkulose – ein traumatisches und prägendes Erlebnis für den damals Fünfjährigen, das er später in Gemälden wie »Der Tod im Krankenzimmer« (1893) verarbeitete. Auf der anderen Seite des Flusses Akerselva, etwa einen zehnminütigen Spaziergang entfernt, liegen die pittoresken **Holzhäuser von Telthusbakken**. Hier hielt sich der junge Munch häufig auf und malte. Zur finalen Ruhe bettete man ihn nur wenige Meter weiter auf dem **Ehrenfriedhof Vår Frelsers Gravlund** zusammen mit anderen Großen Norwegens. Nicht in seinem Sinne war wohl, dass die deutschen Besatzer seine Beerdigung 1944 als faschistische Parade mit Hakenkreuzen und Waffen die Karl Johanns gate entlang inszenierten.

UM DIE ECKE

Der **Botanische Garten** 3 (► S. 84) ist eine (kostenlose!) grüne Stadtoase und lädt mit seinen Flüssen, Wasserfällen, Wanderwegen, Liegewiesen und den dazu gehörenden Erfrischungen im Café zum Lustwandeln und Verweilen ein.

Zu Beginn seines malerischen Schaffens erntete Munch nur Spott und Hohn, später sollte er der berühmteste Maler Norwegens werden. Hier ein Ausschnitt aus seinem »Selbstbildnis (mit Knochenarm)« von 1895.

S SOUVENIR

Wer ›seinen‹ Munch mit nach Hause nehmen oder verschicken möchte, findet im Museumsshop Reproduktionen, Postkarten, Lesezeichen aus Metall und anderes mehr.

14

Das grüne Dach der Stadt – **Holmenkollen**

Oslo fällt als grünste Metropole Europas aus jedem Rahmen. Wer Oslos geografisches Zentrum sucht, gerät in rauschende Wälder, von 1200 km Wanderwegen erschlossen und mit 343 Seen gespickt. Also nichts wie rein in die Wanderschuhe, Badesachen nicht vergessen, und ab in die U-Bahn, die innerhalb von 32 Minuten hinaufsteigt auf den grünen Hausberg der Stadt.

Dass Goethes Empfehlung, jede Stadt zunächst von oben kennenzulernen, Hand und Fuß hat, erkennt man bereits während der U-Bahn-Fahrt vom Bahnhof auf den 500 m höher gelegenen ›heiligen Skiberg‹: teils unter, zuallermeist jedoch über der Erde, größtenteils auch mit Aussicht. Nehmen zu Anfang noch edle Holzvillen den Blick gefangen, dann bald Fernsichten, die immer faszinierender werden, je höher es geht. Nach 25 Min. wird die Station Holmenkollen mit der Skisprungschanze erreicht, dann geht es weiter an Villenvierteln vorbei bis zur vorletzten Station, Voksenkollen.

Ski heil! Touristen auf dem Weg nach Holmenkollen. Winters wie sommers lohnt sich die aussichtsreiche Fahrt.

Das ist die Höhe!

Genau 28 Höhenmeter trennen die Station von der nördlich gelegenen Tryvanns-Höhe (auch: Tryvasshøgda), wohin man innerhalb von 10–15 Minuten gelangt, wenn man dem Tryvannsveien folgt. Der 1962 erbaute, 118 m hoch aufragende Fernsehturm **Tryvannstårnet** 1 weist stets die Richtung und bietet von seinem Fuß aus ein faszinierendes Panorama über die Nordmarka, Richtung Sørkedalen sowie über die in der Tiefe liegende Stadt.

Ins große Grün

Wem es angesichts der ausgedehnten Wälder rings umher in den Füßen juckt, der kann von hier aus schnell ins ausgedehnte Grün der Marka (auch: Nordmarka) eintauchen. Populärster Ausgangspunkt für Waldspaziergänge und Wanderungen von unterschiedlicher Länge ist die von der Tryvannshøgda nur etwa 2 km entfernte Berghütte **Tryvannstua** 1. Der rustikale Blockbau wurde 1931 errichtet und liegt malerisch beim Wiesenufer des von Wald umschlossenen Badesees **Tryvann** 1 auf etwa 400 m Höhe. Im Sommer treffen sich hier Wanderer und Spaziergänger, im Winter Snowboarder und Skifahrer. Der Weg, der dem breiten Tryvannsveien nordwärts folgt, ist nicht zu verfehlen und führt meist bergab.

F
FAHRRAD

Man kann das gesamte Gebiet rings um Holmenkollen auch hervorragend mit dem Fahrrad entdecken. Die rund 1200 km Wanderwege, die in der Marka einladen, können befahren werden. Ein *bysykkel* (► S. 112) muss man mitbringen.

Nach Frognerseteren

Aber auch ohne den Waldabstecher kommen die Füße auf dieser Tour zu ihrem Recht, und nachdem man dem Tryvannsveien vom Tryvannstårnet aus für etwa 600 m zurück Richtung ›Voksenkollen‹ gefolgt ist, zweigt links der Øvreseterveien ab, der wenig später am Wiesenufer des **Øvresetertjern** 2 entlangführt. Dieser kleine See ist ein populärer Picknick- und Badeplatz, nur etwa 600 m von der U-Bahn-Endstation Frognerseteren entfernt. Ziel dieser stets bergab führenden Etappe ist der hölzerne Prachtbau des **Frognerseteren Restaurant** 2, das als das Nonplusultra für panoramareiches Speisen gilt.

Holmenkollen

Der hangabwärts verlaufende Holmenkollenveien markiert ab Frognerseteren den nicht zu ver-

»Über allen Wipfeln ist Ruh ...« Und wieder kommt einem oben am Holmenkollen Goethe in den Sinn.

fehlenden Weg, der nach rund 1,5 km an der **Holmenkollen kapell** 2 vorbeiführt. Sie wurde Mitte der 1990er-Jahre originalgetreu nach Art der mittelalterlichen Stabkirchen im nationalromantischen Drachenstil erbaut, nachdem die Originalkapelle 1992 einer Brandstiftung durch Satanisten zum Opfer gefallen war. Die Kapelle gibt vor dem Panorama der in der Tiefe liegenden Stadt ein prachtvolles Bild ab. Das außerordentlich stimmungsvolle Innere mit gewaltigen Holzsäulen und feinen Holzschnitzereien sowie Rosenmalerei-Arbeiten ist leider meist nicht für die Öffentlichkeit zugänglich, da dieses Gotteshaus die beliebteste Hochzeits- und Taufkapelle der Stadt ist (die Wartezeiten betragen über ein Jahr). Ein Stück weiter unterhalb, ebenfalls kaum zu übersehen, erhebt sich eine 6,7 m hohe Steinskulptur, die auch ohne die mächtige Knollennase sofort als Troll identifiziert werden kann. Konkret handelt es sich um den **Kollentroll** 3.

Dann aber nichts wie hinüber in den Kongeveien und hinein in die unübersehbare **Holmenkollen Nationalanlage** 4, die für die Nordische Skiweltmeisterschaft 2011 umgebaut wurde und als Norwegens meistbesuchte Touristenattraktion gilt. Sie ist die modernste Anlage der Welt für nordische Disziplinen, und jedes Jahr findet auf

N
NOCH WAS

Das **Hotel Voksenåsen** (Ullveien 4, www.voksenaasen.no) liegt 501 m über dem Meer und bietet einen grandiosen Ausblick auf die Osloregion. Drinnen befindet sich eine Galerie mit über 150 Kunstwerken, die man kostenlos zwischen sieben Uhr morgens und Mitternacht bestaunen kann.

dem Holmenkollen der Welt-Cup in nordischen Disziplinen statt, wobei der Holmenkollensonntag als ›Norwegens zweiter Nationalfeiertag‹ gilt. Die Anlage besteht aus den Schanzen Holmenkollbakken, Midstubakken, fünf kleineren Übungsschanzen sowie dem Langlaufstadion. Der Höhepunkt im Sinne des Wortes ist es, mit dem Lift zum Schanzenturm des **Holmenkollen hopptårnet** 5 hinaufzufahren und von der erschreckend steilen Schanze aus ein wahres Traumbild auf das rund 60 m tiefer gelegene Zuschauerrund sowie auf die mehr als 400 m tiefer gelegene Stadt am Fjord zu genießen.

Aber auch ein Sprung ist möglich, nämlich im **Simulator** des am Schanzenfuß eingerichteten **Skimuseums**, das die Entwicklung des Skifahrens im Laufe der letzten 4000 Jahre nachzeichnet und in seiner Art weltweit einzigartig ist.

Winterfreuden

Das ›Dach der Stadt‹ mit dem **Tryvann Winterpark** 3 ist Oslos Wintersportzentrum. Auch mit Langlaufskiern, die man ausleihen kann, ist es möglich, der vorgestellten Tour zu folgen.

Nicht nur für Kinder ein unvergessliches Erlebnis: eine Schlittenfahrt auf der rund 2000 m langen Rodelbahn **Korketrekkeren** 4. Bei Fullspeed benötigt man 8 bis 10 Minuten, um die 255 m Gefälle zu überwinden. Schlitten kann man ausleihen (100–150 NOK). Unten angekommen, nimmt man U-Bahn 1 wieder hinauf zur Station Frognerseteren.

Völlig neue Perspektiven auf Oslo: Blick von der Spitze der Holmenkollen-Sprungschanze

INFOS/ÖFFNUNGSZEITEN

Holmenkollen hopptårnet 5: www.holmenkollen.com, Schanze und Museum Mai, Sept. 10–17, Juni–Aug. 9–20, sonst tgl. 10–16, Uhr, Schanzenturm und Museum Erw. 140, Kinder 70 NOK, Sprung im Simulator Erw. 95, Kinder 55 NOK

KULINARISCHES FÜR ZWISCHENDRIN

Das Café der Berghütte **Tryvannstua** 1 (Tel. 22 13 85 10, www.tryvannstua.no, Di–Fr 10–21, Mo ab 12, Sa/So bis 17 Uhr) bietet delikate Hausmannskost (Gulaschsuppe 185 NOK).

Die ganze Stadt zu Füßen liegt dem massiven Holzbau des aus dem 19. Jh. stammenden **Frognerseteren Restaurant** 2 (Holmenkollveien 200, T 22 92 40 40, www.frognerseteren.no, Mo–Sa 11–22 Uhr, So bis 21 Uhr, für Sommerabende, vor allem am Wochenende, wird Tischreservierung empfohlen). Es gilt als *das* Ausflugsrestaurant (man kann auch draußen sitzen) auf dem ›Dach der Stadt‹. Wer nicht um 400 NOK für ein Gericht ausgeben möchte, kann sich im *kafé* an Deftigem und Süßem für weniger laben (Tagessuppe 115, Apfelkuchen 68 NOK).
Wenn man zur besten Aussicht auf die Stadt in ebenso eleganter wie gemütlicher Atmosphäre dinieren möchte, über gepflegte Abendgarderobe verfügt sowie ein üppig ausgestattetes Reisebudget, dann führt kein Weg am Restaurant des Traditionshauses Holmenkollen Park Hotel vorbei, in dem auch Mitglieder des Königshauses oft gesehene Gäste sind: **De Fem Stuer** 3 (Tel. 22 92 20 00, Mo–Sa 18–23, So 14–21 Uhr, Tischreservierung empfohlen). Wer möchte, folgt den vom Küchenchef zusammengestellten sechsgängigen Menüvorschlägen der französisch verfeinerten norwegischen Küche sowie den darauf abgestimmten Weinempfehlungen (6 Gläser Wein 850 NOK). Ansonsten kosten Vorspeisen ab 195 NOK, Hauptgerichte ab 345 NOK.

WINTERFREUDEN

Tryvann Winterpark 3: www.tryvann.no, U-Bahn 1: Voksenkollen, dann mit dem gratis Skibus direkt zu den Pisten, Mo–Fr 10–22, Sa/So 10–17 Uhr, Tageskarte Skilift 430 NOK, Verleih von Alpinski und Snowboard je 410 NOK, Langlaufski 260 NOK (Preise inkl. Ski/Snowboard, Stöcke und Schuhe)
Korketrekkeren 4: Holmenkollveien, www.akeforeningen.no, Mo–Sa 10–21, So 10–19 Uhr)

Cityplan: Karte 5 | **U-Bahn 1:** Voksenkollen

Wo der Julenisse wohnt – **Drøbak**

#15

Das malerische Holzhausstädtchen im Süden der Metropole ist so entzückend wie die Aussicht auf den Oslofjord mit all seinen stattlichen Schiffen beeindruckend. Da hier obendrein auch der norwegische Weihnachtsmann zu Hause ist und nahebei Norwegens größter Freizeitpark einlädt, kommen nicht nur große, sondern auch kleine Besucher auf ihre Kosten.

Das 38 km südlich der Metropole gelegene und etwa 3000 Einwohner zählende Fjordstädtchen ist Sommeridylle schwerreicher Norweger sowie auch Kolonie angesehener Künstler. Außerdem und insbesondere ist Drøbak aber auch Wohnort des norwegischen Weihnachtsmannes *(julenisse)*. Treffpunkt im Ort ist der hübsche gepflasterte Marktplatz, Cafés und Restaurants bieten gepflegte Gastlichkeit, und Kunstgewerbeläden sowie Galerien laden zum Shopping ein.

Alles in allem sollte man wenigstens einen halben Tag für den Ausflug ansetzen bzw. – wenn auch der am Weg liegende Freizeitpark Tusenfryd besucht werden soll – einen ganzen.

Sundblicke

Wer auf dem Seeweg nach Oslo gereist ist, hat bereits Sichtkontakt mit Drøbak gehabt, denn hier, an der Schmalstelle des Oslofjords, müssen die Schiffe

In Drøbak sind die Reichen, Schönen und Künstler zu Hause ... und der Julenisse, der Weihnachtsmann!

so nah unter Land fahren, dass man als Passagier den Holzhäusern in die Fenster schauen kann. Von Land aus genießt man entsprechend umgekehrte Topblicke auf den schmalen Sund mit all den stattlichen Schiffen darin. Angesichts des Engpasses wundert es nicht, dass hier am 9. April 1940 der deutsche Schlachtkreuzer Blücher im Artilleriefeuer versenkt werden konnte. Durch diesen Sieg verspätete sich der deutsche Angriff auf Oslo, und in der Folge konnte der norwegische König die Stadt gerade noch rechtzeitig verlassen.

Vorsicht! Weihnachtsmann unterwegs!

Besuch beim Weihnachtsmann

Hier ist er also zu Hause, der in Norwegen Julenisse genannte Weihnachtsmann, und schon an der Ortseinfahrt warnt ein Verkehrsschild vor querenden Wichteln. Beim Marktplatz dann steht man dem Weihnachtshaus **Tregården's Julehus** 1 gegenüber, stilvoll untergebracht in einer Holzvilla aus dem 18. Jh. Ganzjährig kann man dort Weihnachtsgeschenke der kunsthandwerklichen Art erstehen.

Auch für Kinder gibt es reichlich zu schauen, und wer dem Julenisse schreibt (Tregården's Julehus, Havnegt. 6, N-1440 Drøbak), dessen Brief wird garantiert beantwortet. Und sogar auch mit einem speziellen Julenisse-Stempel versehen, was möglich ist, da am Marktplatz auch gleich Julenissen's Postkontor eingerichtet ist.

▶ INFOS & LESESTOFF

Über die Website **www.verneforeningen.no** kann man sich drei Stadtwanderungen zu Drøbak downloaden (auch auf Deutsch), die je etwa 1 Std. Zeit in Anspruch nehmen und alle Highlights der Stadt beschreiben. Die Karte mit den Spaziergängen gibt es in der Touristeninformation. Auch mehrere Fahrradrouten bieten sich an, Informationen sowie Radverleih über das Touristenbüro.

Fische zum Streicheln

An der, vom Marktplatz aus gesehen, linken Seite des Bootshafens liegt das 1995 eingerichtete Salzwasseraquarium und meeresbiologische Zentrum **Drøbak Akvarium** 2. In den 24 Aquarien und Becken schwimmen Fische und andere Organismen des Oslofjords, der als der artenreichste Fjord des gesamten Landes gilt. In eigens dafür vorgesehenen Bassins können Kinder Kontakt mit Krabben, Seesternen und anderen Meeresbewohnern aufnehmen, während man sich im einzigen Lutefiskmuseum der Welt mit der Geschichte des gelaugten Stockfisches, der in Norwegen als Weihnachtsspeise beliebt ist, vertraut machen kann.

Freizeitpark der Superlative

Tusenfryd 3 ›Tausendfreuden‹, Norwegens modernster und größter Freizeitpark, liegt etwa 30 Busminuten von Oslos Zentrum entfernt bei Vinterbro und kann auf der Rückfahrt von Drøbak aus ›mitgenommen‹ werden: Die Route von Bus Nr. 541 führt über Tusenfryd. Es locken Dutzende Attraktionen, an denen sich nicht nur Kinder erfreuen, darunter eine der extremsten Achterbahnen Europas. Das ›Wikingerland‹ entführt in die Welt der einst so wilden Nordmänner, vom Supersplash geht's im freien Fall in die ›Welle des Jahrhunderts‹, auch ein Badeland ist angeschlossen, und die Kleinsten vergnügen sich im MiniFryd.

INFOS/ÖFFNUNGSZEITEN

Anfahrt: Nach Drøbak verkehrt der Bus Nr. 500 (Fahrzeit 30 Min.) ab dem Busbahnhof bis zur Haltestelle Fålesloråsen. Wer nach einem Besuch von Drøbak auch Tusenfryd besuchen will, muss zurück in die Stadt und den Bus Nr. 541 nehmen, der auch von Oslo aus dorthin verkehrt.
Tregården's Julehus 1: Havnegt. 6, www.julehus.no, März–Okt. Mo–Fr 10–17, Sa 10–15, Nov. Mo–Fr 10–17, Sa 10–16, Dez. Mo–Fr 10–20, Sa 10–16, Juni–23. Dez. auch So 12–16, zwischen Weihnachten und Neujahr tgl. 10–15 Uhr
Drøbak Akvarium 2: www.drobakakvarium.no, tgl. 10–16, im Sommer bis 18.30 Uhr, Eintritt Erwachsene 60 NOK, Kinder 40 NOK
Tusenfryd 3: www.tusenfryd.no, wechselnde Öffnungszeiten; wer kleiner als 96 cm ist, zahlt keinen Eintritt, bis 120 cm kostet es zwischen 255 und 999 NOK, darüber 299 bis 409 NOK.
Drøbak Turistinformasjon 4: Havnegt. 4 (beim Aquarium, s. u.), 1440 Drøbak, T 64 93 50 87, www.visitdrobak.no, Mitte Juni–Mitte Aug. Mo–Fr 8.30–16, Sa/So 10–14 Uhr, sonst nur Mo–Fr 8.30–16 Uhr

KULINARISCHES FÜR ZWISCHENDRIN

Moderne Malerei an den Wänden sowie Keramiken geben dem kleinen Café/Restaurant **Galleri Café Teskje** ❶ in einem charmanten Holzhaus aus dem 18. Jh. seinen besonderen Touch (Niels Carlsensgate 7, T 64 93 09 91, www.teskje.no, Di–Sa 10–17, So 12–17 Uhr, Hauptgerichte ab 120 NOK). Die Speisekarte listet hauptsächlich Tapas und Italienisches, am schönsten sitzt man draußen unter Apfelbäumen.
Ein Spitzenrestaurant der italienisch verfeinerten norwegischen Küche in fantastischer Panoramalage am Jachthafen ist **Skipperstuen** ❷ (Havnebakken 11, T 64 93 07 03, www.skipperstuen.no, Mi–Fr 16–21, Sa 12–21, So 13–18 Uhr, Lunch 145–235 NOK, Hauptgerichte 275–745 NOK). Die Einrichtung ist elegant-modern, die Terrasse am Meer mit Wärmelampen ausgestattet. Die Bouillabaisse (435 NOK/2 Pers.) ist schlicht sündhaft gut. Mittags gibt es auch kleinere Gerichte wie Krabbenbrötchen (165 NOK).

Cityplan: Karte 4 | **Bus** 541, 542 oder **Schnellboot** Drøbak

EINTRITTSKARTEN *in eine andere Welt …*

Neben dem Nobel-Friedenszentrum (▶ S. 33) gibt es in Oslo reichlich andere Museen, hier einige meiner persönlichen Favoriten:

UND JETZT ENTSCHEIDEN SIE!

Holocaustsenteret
Juni–Mitte Sept. tgl. 10–18,
sonst tgl. 10–16 Uhr
50/25 NOK

Das in seiner Art weltweit einzigartige Holocaustzentrum befasst sich mit den Themen Holocaust und Völkermord sowie mit den Lebensbedingungen heutiger religiöser und ethnischer Minderheiten.
B 7, www.hlsenteret.no

JA NEIN

Ibsenmuseet
Wegen Renovierungsarbeiten
bis 2021 geschl.

Das Museum in der letzten Wohnung des berühmten Dichters liegt direkt gegenüber vom Schlosspark, ist originalgetreu eingerichtet und so restauriert, dass es scheint, als wäre Ibsen gerade auf ein Bier weg.
Karte 2, G 4, www.ibsenmuseet.no

JA NEIN

Småflaskemuseum
Sa/So 12–16 Uhr, während
der Schulferien geschl..
85/35 NOK

Mit 50 000 Exponaten kann das Museum die weltgrößte Sammlung an Miniaturflaschen für sich beanspruchen – wer das schon skurril findet, darf sich auf das Kuriositätenkabinett freuen.
Karte 2, J 5, www.minibottlegallery.com

JA NEIN

Filmens Hus
Mo 13.30–17, Di–Fr 10–21,
Sa 12–17 Uhr
Eintritt frei

Optisches Spielzeug und interaktive Stationen informieren über die technologische Entwicklung des Films im Allgemeinen sowie die norwegische Filmgeschichte im Besonderen.
Karte 2, J 5, www.nfi.no

JA NEIN

Jødisk Museum
Di 10–15, Do 14–19, So 11–16 Uhr, erweiterte Öffnungszeiten im Sommer s. Website
50/40 NOK

JA NEIN

Das in einer ehemaligen Synagoge eingerichtete Jüdische Museum informiert über die Geschichte der Juden in Norwegen vom 19. Jh. bis in unsere Zeit.

K 3, www.jodiskmuseumoslo.no

Interkulturelt Museum
Di–So 11–16 Uhr
Eintritt frei

JA NEIN

Anspruch dieser kurz als »IKM« bekannten Kulturinstitution ist es, Vorurteile gegenüber fremden Kulturen abzubauen und durch visuelle Kunst zur internationalen Verständigung zwischen den Völkern beizutragen.

L 4, www.oslomuseum.no

Internasjonale Barnekunstmuseet
Ende Juni–Ende Aug. Di–Do und Sa/So 11–16, sonst Di–Do 9.30–14, Sa/So 11–16 Uhr, 75/40 NOK

JA NEIN

Die Welt mit Kinderaugen gesehen: Im Kinderkunst-Museum dreht sich alles um Kunst von und für Kinder. Besucher können auch selbst kreativ werden.

Karte 4, www.barnekunst.no

22. juli-Senteret
Di–Sa 10–17, So 12–16 Uhr
Eintritt frei

JA NEIN

Die Tragödie vom 22. Juli 2011 veränderte Norwegen: Wie das Land mit dem Mord an 77 Menschen durch den Rechtsterroristen Anders Breivik umging, zeigt die berührende Ausstellung, wo der Amoklauf begann.

Karte 2, J 4, www.22julisenteret.no

Teatermuseet im Oslo Museum – Bymuseet
ganzjährig Di–So 11–16 Uhr
Eintritt frei

JA NEIN

Im Gebäude von Oslos Stadtmuseum im ehemaligen Frogner-Gutshof im Frogner-Park befindet sich das Theatermuseum, das die Theaterhistorie vom 18. Jh. bis heute anschaulich zeigt.

E 2, www.oslomuseum.no

Osloer Museumslandschaft

Oslo wartet mit über 50 Museen auf. Der Montag allerdings ist für Museumsbesuche ein ›schwarzer Tag‹ in Oslo, da dann die meisten Sammlungen der Stadt geschlossen sind. Aber eben nicht alle. Das ganze Jahr über Jahr auch am Beginn der Woche geöffnet haben u. a. das **Munch Museum** (► S. 67) die fünf Museen und das Holocaustsenter der **Museumshalbinsel Bygdøy** (► S. 49) sowie das **Hjemmefrontmuseum** (Widerstandsmuseum, ► S. 41). Außerdem besuchen kann man das **Ibsenmuseum** (► S. 78), das **Holmenkollen Skimuseum** (► S. 73) und das **Norsk Design og Arkitektursenter** (► S. 82).

TIPPS FÜR DEN BESUCH DER OSLOER MUSEEN

Mit dem **Oslo-Pass** (► S. 110) kommt man kostenlos in die meisten Museen. Kinder unter 4 Jahren zahlen für die Sehenswürdigkeiten der Stadt keinen Eintritt, Senioren ab einem Alter von 67 Jahren erhalten bis zu 50 % Rabatt bei Vorlage entsprechender Ausweise.
Die **Touristeninformation** (► S. 110 oder online unter www.visitoslo.com) hält eine aktuelle Broschüre mit sämtlichen Museen und Öffnungszeiten bereit. Wer ein knappes Budget eingeplant hat, wird jetzt jubeln, denn Oslo bietet einiges an gratis Museen an: das **Filmmuseum** (► S. 78), das **Osloer Stadtmuseum** (► S. 81), das **Interkulturelle Museum** (► S. 79), das **Arbeitermuseum** (► S. 59), das **Norwegische Verteidigungsmuseum** (► S. 41) und zu guter Letzt das **Norwegische Zollmuseum**. Außerdem sind die zahlreichen **Galerien** der Stadt eigentlich auch nichts anderes als kostenlose Kunstmuseen. Ob der Besuch von Nationalgalerie, Kunstindustriemuseum, Architekturmuseum und dem Museum für zeitgenössische Kunst nach dem Umzug ins neue **Nationalmuseum** (► S. 29) weiterhin donnerstags frei ist, stand bei Redaktionsschluss dieser Ausgabe (Juni 2019) noch in den Sternen.

Bereit für den Elchtest – Eindrücke im Skimuseum Holmenkollen

Oslo alt und neu – 1000 Jahre Stadtgeschichte

Oslo besteht schon seit 1000 Jahren und ist heute die am schnellsten wachsende Hauptstadt in Europa. Gemeinsam mit norwegische Architekten transformieren Stadtplaner die Stadt mittels milliardenschwerer Projekte in eine hypermoderne Metropole – die Natur ist ihre Inspiration.

Eine Stadt im Wandel der Zeit

Oslo Museum – Bymuseet 🕮 E 2

In Oslos Stadtmuseum, das im ehemaligen Frogner-Gutshof im Frogner-Park eingerichtet ist, werden alle Aspekte der rund 1000-jährigen Stadtgeschichte behandelt.

Frognerveien 67/Frogner-Park, Frogner, www.oslomuseum.no, Tram 12, Bus 20: Frogner plass, ganzjährig Di–So 11–16 Uhr, Eintritt frei

Willkommen bei den Wikingern

Historisk Museum 🕮 H 3

1904 wurde das Kulturhistorische Museum in einem der schönsten Jugendstilgebäude der Stadt eröffnet und beherbergt mehrere große Sammlungen. Die frühgeschichtliche Ausstellung zeigt zahlreiche Funde aus der Stein-, Bronze-, Eisen- und insbesondere auch der Wikingerzeit – u. a. findet sich hier der am besten erhaltene Wikingerhelm der Welt. Berühmt ist die große Sammlung antiker Statuen. Der Sakralkunst des Mittelalters ist eine eigene Abteilung gewidmet (u. a. Portale von Stabkirchen). Die ethnografische Sammlung befasst sich mit dem Leben der Urvölker von Arktis, Afrika, Nord- und Südamerika sowie Ostasien, die Arktisausstellung informiert mit tausenden Exponaten über die Polarexpeditionen von Roald Amundsen. Das Münzkabinett besticht mit seiner umfassenden Münz- und Medaillensammlung.

Frederiks gate 2, Sentrum, www.khm.uio.no, U-Bahn Nationaltheatret, Mitte Mai–Mitte Sept. Di–So 10–17, sonst 11–16 Uhr, Erw. 100 NOK, Ticket für 48 Std. gültig für Wikingerschiffmuseum

Die ›Grand Dame‹ der Kirchen

Gamle Aker kirke 🕮 J 2

Die um das Jahr 1150 aus Kalkstein im romanischen Stil errichtete dreischiffige ›Alte Aker-Kirche‹ überstand mehrere Plünderungen und Brände und ist das älteste Gebäude der Stadt. Sie wird vor allem – aber nicht nur – wegen ihrer Akustik geschätzt. Sehenswert im unverputzten Inneren sind die barocke Kanzel und das Taufbecken.

Akersbakken 26, St. Hanshaugen, Bus 37: Stensberggata oder 34/54: Telthusbakken, ganzjährig zu den Messen im Sommer So 10, im Winter Uhr, Eintritt frei

Oslo im Mittelalter

Middelalderparken 🕮 K/L 6

Unterhalb des Ekeberg liegt Gamlebyen, die Alt(e)stadt. In diesem Gebiet finden sich noch Reste des mittelalterlichen Oslo, als die Stadt um das Jahr 1300 nur rund 3000 Einwohner zählte. Unter anderem sind im Mittelalterpark die Überbleibsel der Mariakirken zu sehen. Errichtet wurde das Gebäude um 1050 und in den folgenden Jahrhunderten wiederholt erweitert, bis es Anfang des 14. Jh. das drittgrößte Gotteshaus des gesamten Landes war. Im Mittelalter diente die Mariakirken als königliche Kapelle und als finale Ruhestätte von König Håkon V Magnusson und seinen Angehörigen. Anhand der Ruinen der Clemenskirken konnten Archäologen die Stadtgründung ungefähr auf das Jahr 1000 datieren.

Tram 18, 19: Oslo Hospital

Die alten Holzhäuser sind heute begehrte und oft auch teure Wohnobjekte.

Grüße aus der Steinzeit

Felszeichnungen und Steinzeitwanderung 🕮 K 7

Vor rund 4000–5000 Jahren verewigten Menschen 13 Zeichnungen im Stein. Das Feld ist mit 15 m² recht klein, weshalb es wohl erst 1915 zufällig auf einem Sonntagsspaziergang entdeckt wurde. Wer mehr über die Landschaft, das Klima und die Lebensbedingungen der Menschen damals erfahren möchte, sollte dem Steinzeitpfad hinauf auf den 115 Meter hohen Ekeberg folgen. Entlang des Weges informieren Tafeln auf norwegisch und englisch über die Wiege Oslos.

Karlsborgveien/Kongsveien, Tram 18, 19: Ekebergparken

Von Formen und Farben

DogA – Norsk Design- og Arkitektursenter 🕮 K 3

Das Norwegische Design- und Architekturzentrum hat sich der Aufgabe verschrieben, norwegisches Design zu fördern. Die Arbeiten der großen nationalen Formgeber gibt es auch zu kaufen – vom Weinglas bis zum Fahrrad.

Hausmannsgate 16, Grünerløkka, www.doga.no, Mo–Fr 10–16 Uhr, freier Eintritt

Ein Viertel entsteht

Bjørvika 🕮 K 5

Nirgendwo in Oslo passiert derzeit – architektonisch gesehen – so viel wie in Bjørvika. Einst machten Weften, Hafenanlagen und Schnellstraßen die Gegend an der Bucht unzugänglich für die Öffentlichkeit. »Fjordbyen« (Fjordstadt) ist die offizielle Bezeichnung für ein im Jahre 2003 begonnenes Großprojekt, das dies ändern soll: Die gesamte Hafengegend von Oslo soll für eine, wie es heißt, zukunftsorientierte Entwicklung vollständig umstrukturiert und in die Stadt integriert werden. Mit Milliardenaufwand entstanden und entstehen hier Wohnungen und Geschäftslokale, aber auch Freizeitanlagen und Museen. Für das kontrovers diskutierte Projekt sollen auch Kulturinstitutionen wie das Munch-Museum, das Oseberg-Schiff und die Stadtbücherei an das Fjordufer umgesiedelt werden.

Panoramabrücke

Fußgängerbrücke Akrobaten 🕮 K 5

Die preisgekrönte Brücke ›Der Akrobat‹ verbindet die durch Schienen voneinander getrennten Stadtviertel Grønland und Bjørvika miteinander und trumpft mit einem Panoramablick über die Skyline ›Barcode‹ (der Strichcode) auf. Ihr futuristisches Design aus Stahl und Glas hat dem in Oslo ansässigen Architektenbüro L2 nicht nur einen Preis eingebracht, sondern es auch zu einem beliebten Instagram-Objekt avancieren lassen.

Nachhaltig gebaut

Vulkan J 2

Das Viertel ›Vulkan‹ ist neben Tyvholmen das Aufregendste, was die Stadtplanung in den letzten Jahren hervorgebracht hat. Von 2004 bis 2014 entstand in dem ehemaligen Industriegelände am Ufer des Flusses Akerselva ein neues Viertel, das lebendiges Zeugnis für Norwegens Stellung in der Welt der Architektur ist. Schlüsselelement ist Nachhaltigkeit – 300 Meter tiefe geothermische Brunnen zur Wärmeerzeugung, Solarenegie und clevere Energieaufbereitung. Selbst das Nahrungsangebot setzt bewusst den Schwerpunkt auf biologisch-regionale Kost. Der neuste Zuwachs in der ›Vulkanen‹-Familie sind zwei Bienenstöcke, designed von den Architekten von Snøhetta, die auch die Oper entworfen haben.

Lebendige Designgeschichte

Villa Stenersen außerhalb E 1

Die Villa wurde vom Geschäftsmann und Kunstliebhaber Rolf Stenersen in Auftrag gegeben und 1939 von Arne Korsmo, einem der einflussreichsten norwegischen Architekten seiner Zeit, fertiggestellt. Es gilt als wichtiges Beispiel der Funktionalismus-Periode. Sowohl die Villa, die seit Mitte der 1970er-Jahre als Wohn- und Repräsentationshaus für Staatsminister genutzt wurde, als auch die darin ausgestellte zeitgenössische Kunst und Fotografien können besichtigt werden.

Tuengen alle 10 C, U-Bahn 1: Vinderen, U-Bahn 2/5: Borgen, Mitte Mai–Mitte Dez. So 10–16 Uhr, dt. und engl. Führungen auf Anfrage, freier Eintritt

Das Land und seine Architektur

Nasjonalmuseet – Arkitektur

Karte 2, H 5

Das im 19. Jh. errichtete Gebäude gehört zu den wichtigsten Bauwerken der norwegischen Architekturgeschichte. Seit dem Umzug ins neue Nationalmuseum (► S. 29) ist der Fokus ein sehr viel grünerer geworden und Landschaftsarchitektur ein Thema.

Bankplassen 3, Sentrum, www.nasjonalmuseet.no, Bus 60: Bankplassen, Di, Mi, Fr 11–17, Do 11–19, Sa/So 12–17 Uhr, 50 NOK

H
HOLZHAUS

Oslo ist zwar eine Stadt aus Stein – und zunehmend aus Stahl und Glas – aber dennoch finden sich in den Außenbezirken einige malerische Holzhauszeilen aus alter Zeit. Noch vor wenigen Jahrzehnten wurden die oft windschiefen ›Katen‹ durchweg von den ärmeren Bürgern der Stadt bewohnt, doch ab den 1970er/80er-Jahren rückten sie als ›Geheimtipp‹ ins Interesse auch der gehobeneren Schichten. Heute stehen die meisten der (jetzt restaurierten und unbezahlbar teuren) Häuser unter Denkmalschutz.

Das ruhige Viertel **Rodeløkka** (L–M 1–2) im Stadtteil Grünerløkka wurde erst im 19. Jh. nach Oslo eingemeindet. Hier sind 137 Holzhäuser erhalten geblieben, Schwerpunkt Tromsøgata, Langgata und Solhauggata (U-Bahn 5: Carl Berners plass).

Die in St. Hanshaugen gelegenen Straßenzüge **Telthusbakken** (J 2) und **Damstredet** (J 3) waren einst Wohnort der Armen. Die hügelauf stehenden Holzhäuser wurden bereits in den 1970er-Jahren restauriert und sind teils prachtvoll anzusehen. Am besten Bus 34 oder 54: Telthusbakken.

Kampen (M 4) ist heute ein in Gamle Oslo/Grünerløkka gelegenes Viertel mit Holzhäusern entlang ruhiger Straßen. Bus Nr. 60: Kampen kirke, die direkt im Zentrum liegt.

Preisgekrönt

Christiania torv Karte 2, H 5

Der ehemalige Marktplatz wurde für sein harmonisches Zusammenspiel alter und neuer Bausubstanz 2003 mit dem Architekturpreis der Stadt Oslo ausgezeichnet. Das Denkmal »Der Handschuh von Christian IV« soll an die Stadtgründung durch den Dänenkönig erinnern.

Sentrum, Straßenbahn 12: Christiania torv

Pause. Einfach mal abschalten

Manchmal muss man fünfe gerade sein lassen und sich einfach entspannen. Wie gut, dass Oslo eine Vielzahl an entspannten Orten zu bieten hat. Und wer genug hat vom Cityblues, sollte sich den Osloern anschließen und eine Auszeit auf einer der Inseln im Oslofjord nehmen.

Kunst und Natur

Ekebergparken K/L 7
Waren die Reaktionen anfangs noch verhalten bis empört – heute überzeugt der Skulturenpark, der zugleich Wander- und Mountainbike-Gebiet ist, mit rund 80 dezent im bewaldeten Gebiet verteilten Skulpturen, die allesamt Frauen würdigen.

Kongsveien 23, http://ekebergparken.com/en
Tram 18, 19: Ekebergparken

FJORDE

Die traumhafte Lage von Oslo genießt man ganz besonders entspannt im Rahmen einer **Fjordfahrt,** die u. a. von Båtservice AS (Tel. 23 35 68 90, www.boatsight seeing.com) ab der Rådhusbrygge angeboten wird. Im Angebot stehen eine **Minikreuzfahrt** (Hop-on-Hop-off-Tour zur Opera, nach Bygdøy und Tjuvholmen, Ende Mai–Aug., 225 NOK) und eine **Fjordtour** (Mitte März–Ende Sept., 2 Std., 285 NOK), aber am stilvollsten und romantischsten sind die zwischen 22. Juni und 8. Sept. an jedem Abend um 19 Uhr beginnende **Windjammer-Fjordkreuzfahrt ›Norwegischer Sommerabend‹** mitsamt Krabbenbüffet (3 Std., 465 NOK) sowie die **Jazz- und Blues-Cruises** (3 Std., 519 NOK) an jedem Di (Jazz) und Sa (Blues) von Juni bis Mitte Aug.

Faulenzen mit Aussicht

Sankt Hanshaugen H–J 1–2
Früher brannten auf dem ›Sankthans-Hügel‹ die Johannisfeuer der Sommersonnenwende, heute ist der Park, der übrigens eine schöne Aussicht auf Oslo bietet, populärer Treff für Anwohner und Studenten. Um den Park befinden sich zahlreiche Cafés und Restaurants, wo man sich auch Essen zum Mitnehmen holen kann.

St. Hanshaugen, Bus 37: Colletts gate/St. Hanshaugen

Sightseeing im Liegen

Frognerparken D–E 1–2
Der weitläufige Park, in dem auch Skulpturen von Vigeland zu finden sind, ist ein beliebter Treffpunkt zum Grillen, Picknicken und unambitioniertem Rumliegen.

Florales Refugium

Botanisk Hagen L–M 3
Der zur Universität gehörige Botanische Garten geht auf das Jahr 1814 zurück. Große Teile der grünen Stadtoase sind als Arboretum mit einer Vielzahl Baumarten angelegt. Allein der Fjellgarden (Berggarten) mitsamt Bach und Wasserfall umfasst mehr als 1000 Pflanzen norwegischer Flora. Im Palmen- und im Victoriahaus (tgl. 10–17 Uhr) gedeihen Gewächse aus wärmeren bis tropischen Regionen.

Sars gate/Monrads gate, www.nhm.uio.no, tgl. 7–21 Uhr, Eintritt frei

Hinein in Fjord, Fluss und Seen

Baden und Schwimmen
Bei Wassertemperaturen von locker auch über 23 °C sind ›Baden & Beachen‹ des

Wer sagt, dass man im Winter nur Ski fahren kann? Badevergnügen in Tjuvholmen.

Osloers liebste Sommerbeschäftigung. Entlang des Laufes der **Akerselva** finden sich lauter zauberhafte, versteckte Orte. Besonders beliebt zum Baden ist die Stelle am **Brekkedamm** (🕮 Karte 4, Bus 22, 25, 54: Frysja), wo einer der größten Wasserfälle nur ein weiteres Naturhighlight ist. Direkt in **Tjuvholmen** (🕮 G 5) lockt eine Badestelle Groß und Klein sich Abkühlung im Fjord zu verschaffen (► S. 38). Der neuste Hotspot **Sørenga Sjøbad** (🕮 J 6) ist ein 200 m² großes Seebad mit Blick auf die Oper und den Barcoden – Oslos Skyline. Die schönsten Strände findet man auf der Museumshalbinsel **Bygdøy** (► S. 49). Ein Mekka für weniger oder mehr aktive Draußenfreunde ist der Badesee **Sognsvann** (🕮 Karte 4) im Norden von Oslo im Waldgebiet der Nordmarka ist ein Mekka: Picknicken, Angeln, Schwimmen, Spazieren oder einfach Entspannen – hier ist alles möglich.

Perlen Im Fjord

Die Inseln im Oslofjord 🕮 Karte 4

Am einfachsten zu erreichen ist die Insel **Hovedøya**. Seine unter Naturschutz stehenden Wälder sind durchzogen von Wanderwegen, außerdem findet der aufmerksame Flaneur hier hunderte von Pflanzen, von denen einige in Norwegen nur hier zu finden sind. Wer baden will, findet im Westen zwei Strände. Im Norden liegen die Kanonen von 1808, als die norwegische Armee hier stationiert war, sowie die **Ruinen eines Zisterzienserklosters**. 1147 verließ der Abt Philippus Lincolnshire und erreichte die kleine Insel im Oslofjord, wo er gemeinsam mit zwölf Mönchen und einigen Laienbrüdern erst eine Kirche und später ein Kloster gründeten. Diese wurde 1532 geplündert und niedergebrannt und die Überbleibsel erst rund 300 Jahre später wieder freigelegt. Auf den miteinander verbundenen Inseln **Gressholmen, Heggholmen** und **Rambergøya** befinden sich mehrere hübsche Badestellen und süße bunte Holzhäuser. Auf Heggholmen lohnt ein kleiner Leuchtturm einen Besuch. Besonders Gressholmen und Rambergøya sind wichtige Rückzugsorte für Seevögel, die hier brüten. In der Gaststätte ›Gressholmen Kro‹ (www.gressholmen.no) auf der Südseite der gleichnamigen Insel können sich die Besucher stärken.

Fähren B1, B2, B3, B4: Hovedøya bzw. Gressholmen

Wo man in Oslo wohnt

Zwischen imposanten Villen, postmodernen Glashaustürmen und bescheidenen Apartments gibt es für jeden Geschmack die richtige Unterkunft. Dabei muss es nicht immer unbedingt das Zentrum sein. Oslo ist klein und sehr gut durch das öffentliche Verkehrsnetz erschlossen. Was auf der Karte weit entfernt aussieht, entpuppt sich häufig als ein kurzer Spaziergang.

Beachten sollten Reisende, dass Oslo auch eine Geschäfts- und Konferenzstadt ist. Es kann durchaus vorkommen, dass im Februar aufgrund einer Messe die Stadt plötzlich restlos ausgebucht ist. Anderseits bedeutet es auch, dass die Hotelketten am Wochenende und in den Sommerferien mit teils satten Rabatten von bis zu 50 % locken.

Die **Bed & Breakfast**-Häuser der Stadt und Umgebung bieten einen außerordentlich guten Gegenwert fürs Geld und man bekommt etwas vom Osloer Alltag mit. Die Adressen, darunter einige echte Perlen, sind unter www.bbnorway.com gelistet.

Privatzimmer sind die günstigste und wahrscheinlich interessanteste Möglichkeit, in Oslo zu übermachten. Gebucht wird beispielsweise über www.airbnb.com. Wem der Komfort nicht so wichtig ist, die Schonung des Geldbeutels jedoch umso mehr, sollte www.couchsurfing.com besuchen, wo Osloer ihre Couch Reisenden kostenlos zur Verfügung stellen. Mit Abstand am billigsten und benutzerfreundlichsten bucht man über die Touristeninformation in Oslo: T 81 53 05 55 (Mo–Fr 9–16 Uhr) oder unter www.visitoslo.com.

Modernes Wohnen

ZUM SELBST ENTDECKEN

Die meisten Hotels befinden sich im **Zentrum** in Gehentfernung der großen Sehenswürdigkeiten. In den gehobeneren Westend-Vierteln **Frogner** und **Majorstua** nächtigen Besucher häufig in freistehenden Häusern in ruhigen Wohngegenden. Budget-Unterkünfte und Privatzimmer finden Reisende unter anderem im Szene-Viertel **Grünerløkka**, während Freunde des Campens und Zeltens dann schon etwas weiter in die Umgebung müssen.

Für Reisende mit geringem Budget
Anker Apartment L 1
Diese Unterkunft in einem Neubaukomplex trumpft hauptsächlich mit seinen niedrigen Preisen und einer guten Ausstattung auf: große Gästeküche, schnelles WLAN, Supermarkt/Kiosk im Gebäude, guter Kaffee, Bar. Ansonsten strahlt das Hostel eher den Charme eines Krankenhauses aus, die netten Rezeptionisten machen das aber wieder wett. Und außerdem riecht die Gegend herrlich – dafür sorgt die Schokoladenfabrik um die Ecke. Übrigens: Handtücher und Bettwäsche kosten extra (20/50 NOK).
Københavngata 10, Grünerløkka, T 22 99 30 00, www.ankerapartment.no, Bus 30: Dælenenga, ab 220 NOK im Schlafsaal, DZ ab 640 NOK

Minimalistisch
Anker Hostel K 3
Der preisgünstige Ableger des Anker Hotels (s. u.) bietet im Sommer rund 120, das Jahr über 50 Betten in Zwei-, Vier-, Sechs- und Achtbettzimmern, die alle mit Kissen und Daunendecken ausgestattet sind sowie über Dusche und WC verfügen. Internationale Atmosphäre, viele Rucksackreisende, zentrale Lage, gehobene Ausstattung mit Küche und Café, Aufenthaltsraum und Internetzugang.
Storgata 55, Sentrum/Grünerløkka, T 22 99 72 00, www.ankerhostel.no, Straßenbahn 11, 12, 13, 17 sowie Bus 30, 31: Hausmanns gate, Bett ab 250 NOK/Pers., DZ ab 650 NOK

Mittelklasse im Zentrum
Anker Hotel K 3
Modernes Mittelklassehotel zwischen Grünerløkka und der Karl Johans gate mit 137 Zimmern auf 13 Etagen, Garage und einer Lobby-Bar. Die nach vorne weisenden Zimmer bieten eine reiche Stadtaussicht, die nach hinten blicken auf Parkanlagen. Alle Zimmer sind gepflegt und in zarten Farbtönen gehalten.
Storgata 55, Sentrum/Grünerløkka, T 22 99 75 10, www.anker-hotel.no, Straßenbahn 11, 12, 13, 17, Bus 30, 31: Hausmanns gate, DZ ab 1300 NOK, auch Oslo-Paket

Camping und Hütten satt
Bogstad Camping Karte 5
Der Komfortplatz liegt landschaftlich schön und panoramareich am Rande der Marka (Wander- und Radelmöglichkeiten) und in der Nähe des Badesees Bogstadvannet 9 km außerhalb des Zentrums. Mit 16 ha Fläche und rund 1000 Stellplätzen ist er der größte Platz des Landes, leider nicht der gepflegteste. Die 46 Vierbetthütten gibt es in drei Komfortstufen, alle sind winterisoliert.
Ankervn. 117, Vestre Aker, T 22 51 08 00, bogstadcamping.no, Bus 32: Bogstad Camping (35 Min.), Zelt inkl. 2 Pers. ab 220 NOK, Wohnmobil 370 NOK, Hütten ab 1150 NOK (im Sommer kosten manche Hütten mehr)

Ü ÜBRIGENS

Kostenlos zelten mitsamt Duschen und Seeblick kann man auf der im Oslofjord gelegenen Insel **Langøya** (Juni–Aug., sonst nur am Wochenende, max. 2 Nächte) Insbesondere der Norden der Insel ist bei Campern beliebt, dort finden sich schöne Badestrände. Das Fährboot B4 gehört zu den öffentlichen Verkehrsmitteln und verkehrt ab Rådhusbrygge 4 nahe der Akershus Festung täglich mehrmals zwischen 9.25 und 18.30 (im Hochsommer bis 21.30) Uhr. Allerdings gab es in der letzten Zeit einige Beschwerden wegen unangenehmer Dauercamper. Auch in dem weitläufigen Waldgebiet **Marka** ist es erlaubt zu zelten. Zu guter Letzt bietet sich Couchsurfing (www.couchsurfing.com) an, wo Osloer ihre Betten und Sofas zum Übernachten anbieten.

Günstiger Klassiker
Hotel Bondeheimen Best Western
Karte 2, H 4
Nur rund 100 m trennen dieses 100 Jahre alte Traditionshaus vom Parlamentsgebäude – günstiger kann man

Den Ausblick gibt's umsonst: der Ekeberg Campingplatz.

zentral nicht wohnen in Oslo. Künstler wie Sigrid Undset und Knut Hamsun fühlten sich hier wohl. Die 127 Zimmer sind angenehm dimensioniert und hell, machen einen freshen Eindruck und bieten soliden Mittelklassekomfort. Wer absolute Ruhe will, sollte ein Zimmer zum Innenhof buchen.

Rosenkrantz' gate 8, Sentrum, T 23 21 41 00, www.bondeheimen.com, U-Bahn: Stortinget, EZ ab 795 NOK, DZ ab 995 NOK

Pension beim Schloss
Cochs Pensjonat G 3

Die renovierte, empfehlenswerte Pension nahe dem Schlosspark existiert seit nunmehr 100 Jahren. Die 88 Zimmer auf fünf Etagen sind freundlich-schlicht eingerichtet. Teils haben sie Gemeinschaftsbad, teils Kitchenette. Die Zimmer nach vorn können allerdings laut sein.

Parkveien 25, Frogner, T 23 33 24 00, www.cochspensjonat.no, Straßenbahn 11: Welhavensgt., Straßenbahn 17, 18: Frydenlund, EZ ab 560 NOK, DZ ab 790 NOK

Zentrales Hipster-Designhotel
Comfort Hotel Xpress Youngstorget Karte 2, J 4

Dieses Hotel besticht durch eine interessante Mischung aus minimalistischem, kühlen Design, High-Tec und coolem bunten Graffiti-/Tattoostyle. Die Zimmer sind klein, schick und einfach, während Lobby und Aufenthaltsraum ein cooles, jugendliches Ambiente verströmen. Das junge Personal ist freundlich und hilfsbereit, der Service allerdings begrenzt: Zimmerreinigung nur auf Anfrage, Frühstück ist nicht inklusive. Dafür gibt es eine Dachterrasse und einen Fitnessraum.

Møllergata 26, Sentrum, T 22 03 11 00, www.nordicchoicehotels.com, Bus 37, 151: Arne Garborgs pl., EZ ab 664 NOK

Oslos Sommercamp
Ekeberg Camping L 7

Eine fantastische Aussicht über die Stadt, gepflegte Sanitäranlagen etc., zum Zelten (330 NOK) ebenso ideal wie für Wohnmobile (255 NOK) und Caravans.

Ekebergvn. 65, T 22 19 85 68, www.ekebergcamping.no, Juni–Aug., Bus Nr. 34 und 74 (10 Min.). Für Selbstfahrer: 2,5 km vom Zentrum Oslos, dort ab der E18 ausgeschildert

Top Preis-Leistungsverhältnis

Ellingsens Pensjonat G 2

Das charmante freistehende Haus verfügt über freundliche, helle Zimmer mit Kühlschrank in sehr ruhiger Lage (abgesehen von der Tram) im schicken Westendviertel Majostua. Zum Bogstadveien, der Shopping- und Weggehmeile Westoslos sind's nur wenige Meter. Kostenloser Fitnessraum, Frühstück nicht inklusive (85 NOK) und netter, kleiner Garten.

Holtegata 25, Majorstuen, T 22 60 03 59, www.ellingsenspensjonat.no, Tram 19: Rosenborg, EZ ohne/mit Bad 650/770, DZ 850/1150 NOK, Studio Appartements ab 1250 NOK

Christliches Gästehaus

Lovisenberg Diakonale Gjestehus
außerhalb J 1

Das hübsche, antike Interior gibt dem Haus einen ehrwürdigen Charme, aber Besucher müssen sich im Klaren darüber sein, dass Jesusfiguren und Kreuze sehr präsent sind. Das Gäste- und Konferenzhaus ist sauber und sehr ruhig, der Service eher zurückhaltend. Frühstück ist inklusive und die Küche steht zur freien Verfügung.

Lovisenberggata 15 A, St. Hanshaugen, T 22 35 83 00, www.lovisenberg.no, Bus 37: Lovisenberg, EZ ohne/mit Bad 790/900, DZ (2 Pers.) ohne/mit Bad 1240/1440 NOK

Die Langzeit-Alternative

Oslo Apartments H 3

Wer mindestens drei Übernachtungen oder einen Langzeitaufenthalt plant, kann diese preisgünstige und komfortable Alternative wählen. Die rund 260 Apartments (mit bis zu sechs Zimmern) befinden sich 3 km außerhalb in einem gepflegten Vorort sowie auch an der Aker Brygge. Sie sind alle komplett eingerichtet und von hohem Standard; Bettwäsche, Handtücher etc. werden gestellt. Auch eine Garage ist teils im Preis enthalten.

Wergelandsveien 1, Sentrum, T 22 51 02 50, www.osloapartments.no, Einzimmer-apartments ab 930 NOK

Budgetgerecht im Grünen

Oslo Vandrerhjem Haraldsheim
außerhalb M 1

Dreisterne-Herberge in naturschöner und doch recht zentraler Lage im Grünen, 4 km vom Zentrum. Das hohe Komfortangebot (u. a. mit Küche, Aufenthaltsraum, Restaurant, Garten, Internet) und die internationale Atmosphäre sind stark nachgefragt. Über 270 Betten in rund 70 Vierbett- sowie Doppel- und Einzelzimmern, davon die Hälfte mit eigenem Bad/WC.

Außerhalb, Haraldsheimvn. 4, Bjerke/Nordre Aker, T 22 22 29 65, www.haraldsheim.no, Straßenbahn 17, Bus 31: Sinsenkrysset, Metro 3,4: Sinsen, ab 265 NOK/Pers., EZ ab 350 NOK, DZ ab 758 inkl. Frühstück (Rabatt für DJH-Mitglieder)

Internationaler Backpacker

Perminalen Hotel Karte 2, H 4

Mitten im Zentrum gelegenes Backpacker-Hostel mit 157 Betten in Ein-, Zwei- und Vierbettzimmern (alle mit Bad/WC, die Vierbettzimmer mit Doppelstockbetten). Ein Aufenthaltsraum sowie eine Cafeteria stehen zur Verfügung.

Øvre slottsgate 2, Sentrum, T 24 00 55 00, www.perminalen.no, Straßenbahn 12: Christiania torv, ab 445 NOK/Pers. im Vierbettzimmer, DZ 990 NOK, jeweils inkl. Frühstück

Designhütte im Wald

Fuglemyrhytta Karte 4

Die Stararchitekten von Snøhetta (Oper) haben es mal wieder getan: Für den Wanderverein DNT entwarfen sie einen nordisch-schlicht-schicken Designtraum mitten in der Natur und doch nur 2 km von der T-Bahn Station Skådalen (blau markierten Pfad folgen) entfernt. Zehn Betten, weder Strom noch fließend Wasser, dafür viel Gemütlichkeit, noch mehr Natur und Wandermöglichkeiten en masse.

www.ut.no/hytte/101209/fuglemyrhytta, Reservierung über www.booking.dnt.no (eine Person in der Gruppe muss DNT-Mitglied sein), Bett 390 NOK

Mehr als Fischpudding und Karamellkäse

Die typisch norwegische Küche ist nicht unbedingt bekannt für ihre kulinarische Raffinesse: deftige Gerichte aus Zutaten, bei denen die lange Haltbarkeit im Vordergrund steht. Das Ergebnis hat teilweise ein gewisses Kantinenflair. Doch es tut sich was in Sachen Gaumenfreuden.

Nichtsdestotrotz haben *fiskepudding* (Frikadellen aus Fisch), *brunost* (Karamellkäse), *tørrfisk* (Stockfisch), *reinsdyrgryte* (Rentiereintopf) und *kanelboller* (Zimtschnecken) auch außerhalb des Königreiches überzeugte Anhänger. Und es kommt nicht von ungefähr, dass Norwegens beliebtester Schnaps Akvavit mit seiner Hauptzutat Kümmel als ungemein magenfreundlich gilt. Leider findet man in Oslo selten traditionell norwegische Küche. Die hohe Dichte an Pizza- und Burgerläden verrät die kulinarische Präferenz der Hauptstädtler.

Aber es tut sich was auf der Gourmetebene: Unter den besten Köchen der Welt tummeln sich mittlerweile einige Norweger und zumindest in der Landeshauptstadt hat sich das Angebot in den letzten Jahren in Richtung Feinschmeckerküche entwickelt. Es wird auf frische Produkte aus der Umgebung gesetzt – *kortreist* (›kurzgereist‹) lautet die Parole. Beeinflusst wird die neo-norwegische Küche insbesondere von Frankreich, Italien und Spanien. Sushi, Thai, chinesische und indische Läden ergänzen die Restaurantlandschaft – so multikulturell, wie Oslo heute ist, wird auch gekocht und gespeist.

In Aker Brygge lässt es sich trefflich speisen.

ZUM SELBST ENTDECKEN

In folgenden Straßen findet sich jeweils eine stattliche Zahl an Gastronomiebetrieben: **Karl Johans gate** mit hoher Konzentration an Restaurants, die aber relativ teuer sind; **Aker Brygge** mit schwimmenden Kaicafés und durchgestylten Restaurants; **Thorvald Meyers gate** in Grünerløkka mit multikultureller und alternativer Gastronomie; der Stadtteil **Grønland/Tøyen** mit einer relativ großen Anzahl an günstigen Restaurants/Imbissstuben der indischen, pakistanischen und türkischen Küche.

SO BEGINNT EIN GUTER TAG IN OSLO

Wie vor 100 Jahren
Café Christiania Karte 2, H 4

Direkt gegenüber vom Parlament in dem über 105 Jahre alten Schmuckbau der Freimaurerloge gelegen, ist das Café Christiania geprägt von der Geschichte des Landes. Das spiegelt sich nicht nur in der stuckverbrämten Einrichtung wider, sondern auch in den klassischen Spezialitäten, die im Sommer auch auf der geräumigen Dachterrasse serviert werden. Kann es ab 11 Uhr schon oft schwer sein, ohne Tischreservierung einen Platz zu bekommen, so erst recht zwischen 12 und 16 Uhr, wenn es Zeit ist für den Afternoon Tea nach britischem Vorbild (225 NOK bzw. mit Champagner 325 NOK).

Nedre Vollgate 19, Eingang Stortingsgaten, Sentrum, T 22 01 05 10, www.cafechristiania.no, U-Bahn: Stortinget, Mo–Sa ab 11 Uhr, Tischreservierung empfohlen, Lunch und Vorspeisen ab 125 NOK, Hauptgerichte ab 165 NOK

Crêpes und mehr
Crêperi de Mari K 2

Naschkatzen finden in der *crêperi* eine Vielzahl Variationen von süß bis deftig 49–129 NOK. Wer sich für den Norge Crêpe mit *brunost* (Karamellkäse) entscheidet, bekommt beides in einem. Auch Allergiker werden hier u. a. mit Buchweizenpfannkuchen glücklich.

Thorvald Meyers gate 63-6, Grünerløkka, Tram 11-13: auch: Schous plass; Torgata 9, Sentrum, Facebook

Versteckte Perle
Det grønne Kjøkken M 5

›Die grüne Küche‹ ist ein verwunschenes Öko-Café mit hausgemachten Speisen aus biologischen Zutaten, wo man sich problemlos beim Betrachten der schönen Einrichtung verlieren kann. Das Frühstücksomelette (140 NOK) ist üppig, und das Kaffee- und Teemenü lässt keine Wünsche offen. Weiße Schokolade- und Himbeerfrappé gefällig? Bei gutem Wetter kann man sein Getränk draußen im Pavillon genießen.

Åkebergveien 50 A, Grønland, T 45 85 42 83, www.detgronnekjokken.no, Bus 20: Kjølberggata, tgl. 10–18 Uhr

Kaffee, Vinyl und Bier
Hendrix Ibsen J 2

Wenn der norwegische Dichter Henrik Ibsen und die Gitarrenlegende Jimmy Hendrix zusammen ein Café gründen würden, sähe es vielleicht aus wie das Hendrix Ibsen. Morgens liegt der Fokus auf qualitativem Kaffee und abends auf Bier vom Fass (ab 79 NOK). Musik ist immer mit dabei, u.a. in Form von vielen Platten, die hier erworben werden können. Lohnenswert sind auch die selbstgemachten Kekse und Kuchen, meistens mit glutenfreien Optionen.

Vulkan 20, Vulkan, T 90 54 14 21, Bus 34, 54: Møllerveien, Mo 8–19, Di–Do 8–23, Fr/Sa 8–3.30, So 10–23 Uhr

Gemütliche Pause im Café Christiania

Berlin in Oslo
Liebling K 1

Das Liebling mit seinem entspannten Hipster-Kreuzberg-Ambiente ist eine Institution, wenn es um ausgiebiges Frühstücken geht. Ein Klassiker ist das Derrick-Hommage-Frühstück ›Harry Klein‹: unbegrenzt schwarzer Kaffee, eine Schmerztablette und vier Lieder auf der Jukebox! Außerdem kann man schöne und kuriose Designobjekte und Geschenke kaufen, wie Bartwachs oder einen Gartenzwerg mit Stinkefinger. Ab 17 Uhr weicht der Kaffee dann dem (deutschen) Bier und Wein. Gelegentlich werden am Wochenende Konzerte veranstaltet.

Øvrefoss 4, Grünerløkka, T 96 04 54 81, www.liebling.no, Tram 11, 12; Bus 30: Birkelunden, Mo–Fr 8–21.30, Sa/So 10–21.30 Uhr

Originalgetreu im Jugendstil

Theatercaféen Karte 2, H 4

Das Theatercafeen ist eines der Wahrzeichen Oslos und darüber hinaus eines der wenigen noch originalgetreuen Jugendstil-Kaffeehäuser Europas. Seit 1984 steht es auf der von der ›New York Times‹ herausgegebenen Top-Ten-Liste der besuchenswertesten Cafés auf Erden. Einst war es Knut Hamsuns Stammlokal, ist es heute Prominententreff und entsprechend teuer auch zur ›günstigen‹ Lunchzeit.

Stortings gata 24–26, Sentrum, T 22 82 40 50, www.theatercafeen.com, U-Bahn: Nationaltheatret, Mo–Sa 11–23, So 15–22 Uhr, Tischreservierung ist erbeten, *lunsj* 175–399 NOK, Hauptgerichte 245–389 NOK

Star-Barista

Tim Wendelboe K 2

Dieser Laden ist klein, teuer und meistens voll – aber der Kaffee ist all das wert. Die Osloer Liebhaber des dunklen Wachmachers schwören darauf, dass es bei Tim Wendelboe den besten der Stadt gibt. Es ist schon ein Erlebnis, dabei zuzusehen, wie viel Präzision, Ernsthaftigkeit und Liebe in seine Zubereitung gesteckt wird.

Grüners gate 1, Grünerløkka, T 40 00 40 62, www.timwendelboe.no, Tram 11, 12, 13: Olaf Ryes plass, Mo–Fr 8.30–18, Sa/So 11–17 Uhr

WO ESSEN AUF NACHHALTIGKEIT TRIFFT

Hummus-Himmel

The Kasbah J 1

Das urgemütliche Café lädt zum Verweilen ein. Morgens gibt es *frokost* ab 81 NOK, Lunch ab 147 NOK. Hier wird auf Speisen aus dem Nahen Osten gesetzt, es gibt Hummusteller (ab 179 NOK) in den verschiedensten Varianten. Die meisten Zutaten sind regional und ökologisch.

Kingos gate 1B, St. Hanshaugen, T 21 94 90 99, www.thekasbah.no, Bus 34, 54: Aleksander Kiellands plass, Mo–Do 10–23.30, Fr 10–1, Sa 11–1, So11–23.30 Uhr

Gediegen nachhaltig

Kolonihagen Frogner E 3

Im etwas gehobenerem Kolonihagen wird großen Wert auf qualitativ hochwertige Zutaten ohne Zusätze gelegt. Die Gerichte sind lecker und liebevoll angerichtet und das Ambiente rustikal gemütlich. Bei gutem Wetter wird der Innenhof zum *social hot spot*. Hier verkehrt ein Publikum mittleren Alters, das bewusst genießt und sich gerne mal was gönnt.

Frognerveien 33, Frogner, T 99 31 68 10, https://kolonihagenfrogner.no, Tram 12 oder Bus 112: Elisenberg, Mo–Sa 11–23, So 11–17 Uhr, *lunsj* ab 125, Mittagsmenü 495 NOK

Ayurvedische Veggieküche

Krishnas cuisine E 1

In dem aus der Hare-Krishna-Bewegung hervorgegangenen und recht minimalistisch eingerichteten Selbstbedienungsrestaurant feinster ayurvedischer Esskultur können auch erklärte Fleischfans auf den vegetarischen Geschmack kommen. Hier wird mit Leib und Seele gekocht. Günstiger wird man in Oslo kaum vergleichbar Gutes zu essen bekommen. Der Tagesteller (170 NOK) umfasst ein warmes Tagesgericht sowie eine Suppe, Salat, Chutneys und Beilagen. Man kann so oft Nachschlag holen, wie man möchte. Bestellt man lediglich das Tagesgericht, zahlt man 120 NOK.

Sørkedalsveien 10B im Colosseum Senter, Frogner, T 22 69 22 69, www.krishnas-cuisine.no, U-Bahn alle Linien oder Straßenbahn 11, 12, 19: Majorstuen, Mo–Fr 11–20, Sa 11–19 Uhr, Gerichte ab 90 NOK, kein Alkohol

Queen of the green

Nordvegan Karte 2, H 4

Wer vegan mit langweilig assoziiert, kann sich darauf freuen, hier eines Besseren belehrt zu werden. Wenn Köche mit Michelin-Erfahrung sich Gedanken über ganzheitlich-nachhaltige Ernährung machen, wird es bio, regional, bald CO_2-neutral und irre lecker. Die Gerichte sind raffiniert, großzügig portioniert und bergen ein ernstzunehmendes Suchtpotenzial. Die Lasagne ist zum Niederknien. Und erst der Kuchen … Genossen wird das Ganze in einem gemütlichen Setting, hip-schick und klassisch-stilvoll in einem.

Kristian IVs gate 15 B, Sentrum, T 96 91 11 67, www.nordvegan.com, Bus 150/160: St. Olav's Plass, Mo–Do 11.30–20, Fr bis 21, Sa ab 12, So 12–20 Uhr, Hauptgerichte 105–199 NOK

Veganer Imbiss

Vegan Loving Hut Oslo J 3

Einfacher Imbiss und Lieferservice, den man mit seinen Klapp-Barhockern kaum gemütlich nennen kann. Aber was beim Ambiente fehlt, macht das liebe- und fantasievoll zubereitete Essen mehr als wett. Bei Angeboten von Sushi (ab 69 NOK), Frühlingsrollen (79 NOK) bis zu üppigen Reisgerichten (ab 165 NOK) und Pizza (ab 150 NOK) jubelt das preisbewusste Veganerherz.

Fredensborgveien 29, Sentrum T 22 20 20 40, www.veganlovinghut.no, Bus 34, 54: Møllerveien, Mo–Sa 12–20 Uhr

INSTITUTIONEN UND SZENETREFFS

Bodenständig-norwegisch

Det Gamle Rådhus Karte 2, H 5

Norwegische Spezialitäten, insbesondere Fisch- und Wildgerichte, mit Idealismus serviert im alten Rathaus aus dem 17. Jh. In der Vorweihnachtszeit ist *lutefisk* (Stockfisch) eine Empfehlung, im Sommer wird auch im angeschlossenen Gartenrestaurant serviert.

Nedre Slottsgt. 1, Sentrum, T 22 42 01 07, www.gamleraadhus.no, Straßenbahn 12: Christiania torv, Mo–Fr 11.30–17, 17–22, Sa 17–20 Uhr

GRILLSPASS

Die Norweger sind ganz groß, wenn es um's Thema Grillen geht. Es ist eine beliebte und günstige Draußen-Alternative zum Essen gehen. Sobald das Wetter es zulässt, strömen die Osloer vollbepackt in Parks, die umliegenden Wälder oder auf die Inseln. Fast immer mit dabei ist der *engangsgrill* – der Wegwerfgrill ist eine leicht transportable, wenn auch ökologisch fragwürdige Alternative, zum Standardgrill. Unbedingt an Streichhölzer denken und im Anschluss allen Müll mitnehmen. Im Sofienpark in Grünerløkka stehen öffentliche Grills, sowohl für normales als auch für *halal*-Fleisch. 1 Minute kostet 1 NOK, gezahlt wird mit der Kreditkarte. Dies ist ein guter Ort, um Einheimische kennenzulernen.

Bestellung im Solsiden: Einmal die große Meeresfrüchteplatte, bitte!

Informelles Pub-Restaurant

Dovrehallen Karte 2, J 4

Gemütliches Kneipen-Lokal der schlichten Art, das mit deftiger norwegischer Hausmannskost zu (für Oslo) außerordentlich niedrigen Preisen überzeugt. Die täglich wechselnden Tagesgerichte gibt es schon ab 129 NOK aufwärts, Hauptgerichte mit Fisch oder Fleisch (etwa: Schweinshaxe mit Stampfkartoffeln) gibt's schon für 139 NOK, die Pizzen ab 140 NOK, zum Nachtisch empfiehlt sich der warme Apfelkuchen mit Eis (69 NOK). Mittwochs und samstags gibt's abends Livemusik und jede Menge Spaß (viele Stammgäste).

Storgata 22, Sentrum, T 22 17 21 01, www.dovrehallen.no

Stadtpanorama

Ekebergrestauranten K 7

Das Restaurants trumpft mit einem der schönsten Blicke auf Oslo und den Fjord auf. Bei Sonnenschein ist die Terrasse der ›Place-to-be‹. Wer an einem lauen Abend den Sonnenuntergang mit der Glitzerstadt zu Füßen erleben will, muss rechtzeitig kommen, da für den Außenbereich keine Reservierungen angenommen werden. Aber dank großer Panoramafenster ist der Ausblick auch von drinnen spektakulär. Das Essen wird im schnieken Ambiente serviert, die Gerichte sind nicht günstig, ihr Geld aber allemal wert und es wird Wert auf guten Service gelegt.

Kongsveien 15, T 23 24 23 00, www.ekebergrestauranten.com, Tram 18, 19: Ekebergparken, Mo–Sa 11–23, So 12–21 Uhr, Mittagsgericht ab 150, vegetarisches Tagesgericht 185, Abendessen ab 305 NOK

Mexikanisches Trendlokal

Mucho Mas K 2

Die hausgemachten Nachos und Quesadillas, Burritos, Tostadas und Tacos in diesem mexikanischen In-Restaurant könnten besser nicht sein. Wünschen würde man sich jedoch etwas mehr Platz, denn mehr als 20 Personen können hier beim besten Willen nicht bewirtet werden. Das Publikum ist vorwiegend jung (und abends trendy), die Preise sind äußerst moderat, und auch Alkohol wird hier günstig ausgeschenkt.

Thorvald Meyers gate 36, Grünerløkka, T 22 37 16 09, www.muchomas.no, Straßenbahn 11,

12, 13: Olav Ryes plass, So–Do 12–24, Fr/Sa bis 3, Küche bis 23 Uhr, Burritos ab 185, Chili con carne 190 NOK

Harry Holes Stammkneipe

Restaurant Schrøder H 2

In dem unscheinbaren Haus befindet sich ein Traditionsrestaurant mit einem soliden Angebot an norwegischen Speisen wie *reisdyrkarbonader* (flache Rentierfrikadellen) für 189 NOK und *fiskepudding* (deftiger Fisch›pudding‹) für 129 NOK. Bekannt wurde der urige Laden, weil Krimiautor Jo Nesbø seinen Kommissar Harry Hole hier regelmäßig einkehren lässt.

Waldema Thranes gate 8, St. Hanshaugen, T 22 60 51 83, www.restaurant-schroder.no, Bus 21, 31: St. Hanshaugen, tgl. 12–23 Uhr, Tagesgericht ab 159 NOK

Ein Platz an der Sonne

Solsiden Restaurant Karte 2, H 5

Der Name Solsiden gibt die Realität wieder, denn in der Tat befindet sich dieses Spezialitäten-Restaurant auf der ›Sonnenseite‹ an der historischen Akershus-Promenade direkt unter der Festung. Am frühen Abend bietet es einen herrlichen Blick über den Oslofjord, weshalb dann die Freiluftplätze auch am stärksten gefragt sind. Wer sich einen größtmöglichen Geschmacksüberblick verschaffen will, wählt ein Menü (ab 565 NOK) oder die große Meeresfrüchteplatte, die zwar 775 NOK (mind. 2 Pers.), aber dafür auch mit Austern und Krebsen, Krabben, Garnelen und Hummer begeistert. 250 (!) Weinsorten.

Akerhusstranda 13, Sentrum, T 22 33 36 30, www.solsiden.no, Straßenbahn 12, 13, 19: Kontraskjæret, Mai bis Anfang Sept. tgl. 16.30–23 Uhr, abends reservieren, Vorspeisen ab 125 NOK, Hauptgerichte 175–325 NOK

Oslos Ältestes

Stortorvets Gjæstgiveri

Karte 2, J 4

Oslos ältestes Restaurant, bald schon 300 Jahre alt, und genauso gemütlich eingerichtet, wie das ehrwürdige Alter vermuten lässt. Auf dem Menü stehen vor allem norwegische Traditionsgerichte, auch die Kunst der Zubereitung von *bacalao* (öl- und knoblauchreiche Klippfischspezialität aus Portugal) wird hier hochgehalten. Stets eine Empfehlung ist hier die Fischsuppe (198 NOK).

Grensen 1, Sentrum, T 23 35 63 60, www.storgjest.no, U-Bahn: Stortinget, Mo–Sa 11–23 Uhr, Juli geschl., Mittagsgerichte ab 189 NOK, Abendessen 189–299 NOK

Immer wieder indisch

The Great India Karte 2, H 3

In warmen Farben gehaltenes Kellerlokal, gemütlich und stilvoll indisch eingerichtet. Die Speisen sind authentisch, auf der Karte stehen sowohl ein Vegetarier-Menü wie auch je eines zu Tandoori-, Biryani-, Huhn- sowie Lamm-Gerichten. Wer sich angesichts der enormen Auswahl nicht entscheiden kann, sollte sich an dem orientieren, was die Küche jeweils empfiehlt.

Kristian Augustsgate 14 (Eingang Universitetsgaten), Sentrum, T 22 20 03 89, www.thegreatindia.no, Bus 118, Tram 11, 17, 18: Tullinløkka, Mo–Sa 15–23, So bis 22 Uhr, Vorspeisen 89–119 NOK, Hauptgerichte ab 239–269 NOK

EXPERIMENTIERFREUDIG UND UNGEWÖHNLICH

Essen im besetzten Haus

Kafé Blitz H 3

Im einst besetzten Blitzhaus trifft sich die linke Szene Oslos. Hier befinden sich

SPARTIPPS

Essen kann ins Geld gehen, wer von dem kostbaren Gut gerade nur wenig zur Verfügung hat, der sollte unbedingt die Finger von Snacks in Kiosken und nachts geöffneten Supermärkten lassen. Ein Klassiker unter Austauschstudenten ist tatsächlich das IKEA-Restaurant mit Gerichten ab 49 NOK. Gratis Shuttlebus vom Bahnhof (Jernbanetorget).

auch ein politischer Buchladen, der Sitz des ältesten Frauenradios der Welt und ein Café mit vegetarischen und veganen Speisen (40 NOK). Beim Fairtrade-Kaffee (10 NOK) darf dann gerne die Weltrevolution geplant werden.

Pilestredet 30, Sentrum, www.blitz.no, Tram 11, 17, 18, Bus 111, 118: Holbergsplass, Mo–Fr 12–18 Uhr

Speisen im Fischladen

Fiskeriet Youngstorget

Karte 2, J 4

Die Fiskeriet ist eine Mischung aus einem Restaurant, einem Imbiss und einem Fischladen. Frischer Fisch und andere Meereskköstlichkeiten können hier zu vernünftigen Preisen erworben werden. Was man damit Leckeres anstellen kann, zeigt das Restaurant, wo es beispielweise Fischsuppe für 182 NOK oder Lachsburger für 229 NOK gibt. Wen die Stehkaffee-Atmosphäre nicht überzeugt, kann einige Gerichte auch zum Mitnehmen bekommen, wie die beliebten Fish'n'Chips für 149 NOK.

Youngstorget 2B, Sentrum, www.fiskeriet.com, Tram 11, 12, 13, 17: Kirkeristen, Mo–Fr 11–21, Sa 12–21 Uhr

Ü ÜBRIGENS

Damit Hungrige nicht durcheinander kommen: Das Mittagessen heißt in Norwegen *lunsj* (Lunch) und ist eher ein kleiner Imbiss, wie ein *smørbrød*, ein mit Käse und Wurst, Lachs, Garnelen und Salatblättern geadeltes Brot oder Baguette. Die warme Hauptmahlzeit des Tages heißt hier *middag*, doch wird sie nicht mittags, sondern in der Regel zwischen 18 und 21 Uhr eingenommen. *Dagens rett* (Tagesgericht) oder *dagens tallerken* (Tagesteller) sind günstigere Optionen und beinhalten meist Brot, Salat, Wasser und Kaffee.

Coffee, Cocktails and Chairs

Fuglen H 3

Das Fuglen (dt. Vogel) ist eine exzellente Kaffeebar im Stil der 1950er-Jahre, abends werden zusätzlich Cocktails und andere Alkoholika angeboten. Gleichzeitig ist dies ein Vintage-Design Shop, wo fast alles gekauft werden kann, sogar der Stuhl, auf dem man sitzt.

Universitetsgata 2, Eingang Pilestredet, Sentrum, T 22 20 08 80, www.fuglen.no, Tram 11, 17, 18: Tullinløkka, Mo–Fr 7.30–19, Sa 11–19, So 11–18, Bar Mi/Do bis 1 und Sa/So bis 3 Uhr

Waschen, lesen, trinken

Café Laundromat G 2

Ein idealer Ort für Reisende – während die Dreckwäsche durchläuft, kann man Essen und Trinken bestellen (Frühstück ab 89, Burger ab 176, Pizza ab 149 NOK). Was nach einem ungemütlichen Waschsalon klingt, ist tatsächlich eine äußerst beliebte Café-Bar mit Holzvertäfelung und gemütlichen Sesseln. Außerdem können rund 400 Bücher und Comics aus der privaten Bibliothek ausgeliehen werden.

Underhaugsveien 2, St. Hanshaugen, T 21 38 36 29, www.laundromat.no, Tram 17, 18, Bus 118: Bislett, tgl. 10–22 Uhr

Streetfood-Palast am Pier

Vippa H 6

Oslos derzeit coolste, urbanste Essenslocation befindet sich am Pier-Ende mit einem richtig feinen Blick über den Fjord (Sonnenuntergang!). Die Fassaden der einstigen Lagerhalle zieren heute riesige bunte Graffiti und beheimaten die vielfältigsten Essensstände. Und hinter dem Ganzen steht eine richtig gute Philosophie: Es wird auf Nachhaltigkeit, lokale Produkte, Integration und Inklusion geachtet. Global Schlemmen mit gutem Gewissen!

Akershusstranda 25, T 91 72 80 43, www.vippa.no, Bus 60: Vippetangen, Do–Sa 12–21, So bis 20 Uhr

Urbaner Fahrradkult

Oslovelo K 2

Wer Fahrräder liebt, sollte herkommen, denn wie kann für Zweirad-Enthusiasten ein Tag besser anfangen als bei einem

Wer in Oslo Hunger bekommt, findet schnell ein geeignetes Café.

guten Kaffee, umgeben von Rennrädern, Fixies und den dazugehörigen Gadgets? Das Café ist zurückhaltend cool eingerichtet und die Stimmung freundlich entspannt. Nebenan in der Werkstatt werden zudem Reparaturkurse angeboten. Am Wochenende legen meist DJs auf und das Café wird zu einer ziemlich lässigen Bar.

Seilduksgata 23, Grünerløkka, www.oslovelo.no, Tram 11, 12, 13: Birkelunden, So–Di 10–1, Mi–Sa bis 3 Uhr

Oma Plüsch lässt grüßen

Café Sorgenfri G 5

Von wegen Minimalismus! Oslos letzter Schrei an Gemütlichkeit ist ein Schritt zurück zu den Zeiten von ›Oma Plüsch‹. Intention der Gründer war, mit dem ›Café Sorgenfrei‹ nichts weniger als das ›maximalistischste‹ Restaurant des Königreichs zu schaffen. Es ist gelungen. Da sitzt man dann, weiß gar nicht, wohin schauen vor lauter Nippes und Antiquitäten und erfreut sich an der warmen Atmosphäre sowie an der unprätentiösen, leckeren Küche mit Gerichten ab 155 NOK oder an der riesen 6-Gänge-Lunchplatte ab 395 NOK/2 Pers.

Bryggetorget 4, Sentrum/Aker Brygge, T 21 50 10 90, www.cafesorgenfri.no, Straßenbahn 12: Aker brygge, Mo–Sa 11–22 Uhr, Lunch 155–225 NOK, Hauptgerichte 275–345 NOK

MATHALLEN

Unter dem riesigen Glasdach der ›Essenshalle‹ (J 2) finden sich rund 20 Restaurants, 20 Feinkostgeschäfte und ein halbes Dutzend Pubs und Bars.

Maridalsveien 17, T 40 00 12 09, www.mathallenoslo.no, Di–Do 8–1, Fr 8–3, Sa 9.30–3, So 9.30–1 Uhr

Nur gucken kann auch schön sein

Norwegen ist ein teures Land. Gerade in den Prachtstraßen konzentrieren sich viele zwangsläufig eher aufs Gucken als aufs Kaufen. Wer dem Konsum nicht vollständig abschwören will, sollte einiges beachten. Bei Klamottenläden gibt es Unterschiede: Während internationale Modeketten wegen höherer Steuern eher teuer sind, überraschen die skandinavischen mit moderaten Preisen. Und dann sollte unbedingt Ausschau gehalten werden nach mit »salg« oder »tilbud« beworbenen Angeboten.

Und bei manchen Dingen ist der Preis auch einfach nicht so wichtig. »Made in Norway« steht für langlebige Qualität. Das gilt für Designobjekte, aber auch für klassische Strickwaren im traditionellen Norweger-Muster. Das Angebot in den Souvenirläden ist riesig – günstiger kauft man in einem der vielen Second-Hand-Läden. Weitere traditionell norwegische Produkte sind u. a. *die* norwegische Erfindung: der Käsehobel. Glas- und Zinnwaren, gewebte Wandteppiche, handbemalte Holzgegenstände, auch Silberschmuck nach Wikinger- oder Samenart ist stets eine Empfehlung. Dazu Delikatessen wie Wildlachs und Rentierwurst, Moltebeermarmelade und Heidekraut-Honig. Ein guter Tipp sind norwegische Messer, handgeschmiedet und für ihre hohe Qualität bekannt. Und zum Schluss sollte sich ein jeder fragen: Brauch ich zu Hause wirklich einen Troll?

Secondhand-Laden in Grünerløkka

ZUM SELBST ENTDECKEN

Standard-Modeketten, Luxusboutiquen und Einkaufszentren gibt es in der klassischen Flaniermeile **Karl Johans gate**. An der **Aker Brygge** werden mit rund 60 Boutiquen, Delikatessengeschäfte und Galerien die Bedürfnisse der Bessergestellten bedient. Um die Straße **Grensen** wird zum Musik-Shopping verführt, und die **Møllergata** entführt ins Reich norwegischer Wohnkultur. Das Kreativviertel Grünerløkka machen Vintageshops und alternative Läden aus. In Frogner, auf dem **Hegdehaugsveien** sowie **Bogstadveien**, Norwegens längster Shoppingmeile, befinden sich viele High-End-Label, aber auch normale Modehäuser. Im multikulturellen Grønland geht in den Straßen **Grønlandsleiret** und **Smalgangen** Farbenfreude vor Markenbewusstsein.

BÜCHER UND MUSIK

Jazz in Reinkultur
Bare Jazz Karte 2, J 4
Oslos erste Musikshop- Adresse für Jazz liegt versteckt in einem netten Hinterhof. Im Erdgeschoss bringen Vinylplatten und CDs die Augen von Liebhabern zum Leuchten. In der 2. Etage kann man im ebenso kleinen wie gemütlich und mit Fotos von Jazzgrößen dekorierten ›Nur Jazz‹-Café zu – wer hätte es gedacht – Jazz im Hintergrund relaxen.
Grensen 8, Sentrum www.barejazz.no, Tram 11, 12, 13, 17, 18, 19: Stortovet, Mo/Di 10–18, Mi–Sa 10–24 Uhr

Pop und Rock und anderes
Big Dipper Records Karte 2, J 4
Hier dreht sich alles um Pop & Rock, Indie, 60's, Punk sowie auch Reggae und Electronica und vieles, vieles mehr. Zudem wechseln hier auch Plattenspieler und diverses Zubehör den Besitzer. Vinylliebhaber werden hier ihre wahre Freude haben, die große Plattensammlung zu durchstöbern oder sich in Fachsimpeleien über Tonqualität und Nischenbands zu verlieren.
Møllergata 1, www.bigdipper.no, Tram 11, 12, 13, 17, 18, 19: Stortovet, Mo–Fr 10–18, Sa 10–17 Uhr

Bücherliebe
Cappelens Forslag Karte 2, K 4
Der unabhängige Buchladen kauft und verkauft neue und gebrauchte Bücher und hat sich dabei auf Antiquarisches, Kultiges, Klassisches und Seltenes spezialisiert: hauptsächlich auf Englisch, aber auch norwegische Werke finden sich hier. In gemütlicher Atmosphäre lässt sich mit Kaffee oder Tee leicht die Zeit beim Schmökern und Stöbern vergessen.
Bernt Ankers gate 4, www.cappelensforslag.no, Sentrum, Bus 121, 122, 131: Hammaborgsgata, Mo–Fr 11–18, Sa 11–16 Uhr

Musik-›Hölle‹
Neseblod L 5
Ziemlich düster angehauchter Laden mit Riesenauswahl an Metal, Punk und Hardcore, Goth, Synth, Indie und Subpop neu und gebraucht auf Vinyl und CD; auch Raritäten für erklärte Insider sowie Videos/DVDs. Die zum Sound und der Einstellung passende Kleidung ist ebenfalls erhältlich.
Schweigaards gate 56, Gamle Oslo, www.neseblodrecords.com, Bus 32, 70, Tram 18, 19: Munkegata, Mo–Fr 12–18, Sa 11–16 Uhr

Go for Gothic
Shadowland K 3
Laut Eigendarstellung ist das Shadowland »Norway's only specialist in gothic, synthpop, ebm and industrial genres«. Die Auswahl ist umwerfend, oft gibt es Special Offers zu Schnäppchenpreisen, und Website sowie Lokal informieren auch über entsprechende Konzerte in Oslo.
Torggata 36, www.shadowland.no, Bus 34, 54: Jakob kirke, Mo–Fr 11–18 Uhr

DELIKATESSEN UND LEBENSMITTEL

Tierisch gut
Fenaknoken Karte 2, H 4
Ob *tørket reinsdyrkjøtt* (getrocknetes Rentierfleisch) aus der Finnmark, *pinnekjøtt* (geräucherte Lammrippen) aus dem Vestland, *røkelaks* (Räucherlachs) aus dem Lærdal, Wildschwein aus der Telemark oder Trockenfisch von den Lofoten: Fenaknoken gilt als der Feinschmeckerladen schlechthin in Oslo.
Tordenskioldsgate 7, Sentrum, www.fenaknoken.no, Tram 12, 13, 19: Kontraskjæret, Mo–Fr 10–17, Sa 10–16 Uhr

Fangfrisches am Hafen
Fischerboote Karte 2, G/H 5
Früh morgens kehren die Kutter in den Hafen zurück und verkaufen den frischen Fang direkt vom Boot. An rohem Fisch gibt es alles, was das Meer hergibt, der absolute Verkaufsschlager sind jedoch die *reker* (Garnelen), die direkt vor Ort gekocht werden. Am besten sollten man sich etwas Zitrone, Mayonnaise und Baguette dazu besorgen und beim Pulen die Hafenatmosphäre genießen. Es gibt nichts Besseres!
Rådhusbrygga 3, Mo–Sa ab 7 Uhr

T
TAX-FREE

Preisbewussten Reisenden sei empfohlen, wenn möglich in solchen Geschäften zu kaufen, die dem Tax-free-System angeschlossen sind (Tax-free-Aufkleber im Schaufenster). Beim Kauf von Waren im Wert ab 315 NOK (Lebensmittel: 290 NOK) kann man sich dort nämlich einen Global Refund-Scheck ausstellen lassen, mit dem an Fähr- und Flughäfen sowie an größeren Grenzübergängen die norwegische Mehrwertsteuer abzüglich einer Gebühr in bar zurückvergütet wird: Das sind immerhin 12–19 % (Lebensmittel: 6–7,5 %). Man muss seinen Wohnsitz außerhalb Skandinaviens haben und einen Pass oder Personalausweis vorlegen. Die Ware darf vor Ausreise nicht in Gebrauch genommen und muss spätestens vier Wochen nach dem Kauf ausgeführt werden. Weitere Auskünfte erteilt: Global Refund Norge, T 00 800 32 111 111, www.globalblue.com.

Oslos Leckerland
Jacob's på Holtet außerhalb M 8

Fisch und Meeresfrüchte aus Nordsee und Nordatlantik, Käse- und Fleischspezialitäten, auch ökologisch, aus dem ganzen Land, ansonsten Traditions-Konditorwaren sowie Schokoladen und Konfekt von Valrhona, eine der ersten Schokoadressen auf Erden.

Ekebergveien 145, Gamle Oslo, www.jacobs.no, Tram 19: Holtet, Mo–Fr 8–21, Sa 9–20 Uhr

Sweet dreams are made of cheese
Ostebutikken Deli & Bistro K 1

Die ›Käsebutikk‹ ist eine Mischung aus Laden und Bistro/Restaurant. Zu kaufen gibt es nicht nur eine gut sortierte Auswahl an Käse, was in Norwegen eine Seltenheit ist, sondern auch andere Delikatessen wie Essig, Öl, Gewürze und Nudeln. Die von der französischen Küche inspirierten Gerichte sind sehr lecker (129–245 NOK) und das Interieur erinnert an einen herzallerliebsten Krämerladen. Mit kaum mehr als 20 Plätzen wird es jedoch schnell etwas beengt.

Thorvald Meyers gate 27, Grünerløkka, www.ostebutikken.com, Tram 11, 12, 13: Birkelunden, Mo/Di 16–22, Mi, Do, So 12–22, Fr/Sa 12–22 Uhr

FLOH- UND STRASSENMÄRKTE

Oslos populärster Flohmarkt
Birkelunden Marked K 1/2

Hier dreht sich das Hauptgeschäft um Geschirr, Kleider, Bücher, Platten und Krimskrams aus den 1940er-, 50er-, 60er-, 70er- und 80er-Jahren – es gibt aber auch neue Waren. Ist das Wetter mies, schrumpft die Anzahl der Verkäufer auf eine Handvoll Hartgesottener, ansonsten ist hier einiges los.

Birkelundparken, Grünerløkka, Tram 11, 12, 13: Birkelunden, März–Anfang Dez. So 12–20 Uhr

Hipster und Hippies
Blå Søndagsmarkedet K 3

Bunt und kreativ präsentiert sich der wöchentliche Sonntagsmarkt in der alten Fabrikhalle mit allerlei Kunsthandwerk, Designstücken, Vintage- und Secondhandklamotten. Zur Adventszeit lohnt der Weihnachtsmarkt Julemarked på Blå den Besuch.

Brenneriveien 9 C, Grünerløkka, Tram 11, 12, 13: Shous plass, Bus 34, 54: Møllerveien, So 12–17 Uhr

Wochenmärkte
Bondens Marked

Auf der Internetseite www.bondensmarked.no findet sich in der Kategorie ›Oslo og omegn‹ (Oslo und Umgebung) eine aktuelle Liste von stattfindenden Bauernmärkten, wo qualitative, regional angebaute Lebensmittel direkt von den Produzenten verkauft werden. Das Angebot umfasst frisches Obst und Gemüse, aber auch selbstgemachte köstliche Leckereien wie (Moltebeer-) Marmelade, Käse, Elchwurst und vieles mehr.

Die Marktplätze sind u. a. der Valkyrie plass in Majorstua, Birkelunden in Grünerløkka, Aker Brygge und der Youngstorget im Zentrum

Von wegen Sperrmüll
Loppemarkeder
Flohmärkte heißt auf Norwegisch *loppemarkeder*, und jeden Monat laden in Oslo rund zwei Dutzend ›Lumpenmärkte‹ ein, auf denen aber nicht nur Sperrmüll feilgeboten wird. Die u. g. Website informiert umfassend über die wechselnden Termine sowie Lokalitäten.
www.loppemarkeder.com

Gebrauchtes und Antikes
Vestkanttorvet F 2
Dem Ruf des Viertels verpflichtet, muss hier im Westend alles etwas besser sein. Entsprechend stehen vor allem qualitativ hochwertige Altwaren zum Verkauf.
Amaldus Nielsens plass, Frogner, Facebook, Bus 20, 112, 156 oder Tram 12: Vigelandsparken, U-Bahn 1: Majorstuen, März–Dez. Sa 9–17 Uhr

GESCHENKE, DESIGN, KURIOSES

Norwegisches Kunsthandwerk
Den Norske Husfliden Karte 2, J 4
Seit mehr als 100 Jahren schon macht sich die ›Hausfleiß‹-Organisation um die Förderung des traditionellen norwegischen Kunsthandwerks verdient. In den Geschäften der in ganz Norwegen verbreiteten Kette bekommt man garantiert Originalware aus Norwegen. So etwa die berühmten Norweger-Pullover nebst Silberschmuck und Webteppichen, feine Arbeiten mit Rosenmalereien. Sogar die *bunad*, das traditionelle norwegische Trachtenkleid, wird hier verkauft.
Stortorget 9 (im Glasmagasinet, s. u.), Sentrum, www.dennorskehusfliden.no, U-Bahn: Stortinget, Mo–Fr 10–19, Sa 10–18 Uhr

Innovativ und kreativ
Galleri Format Karte 2, H 5
Die Galerie der norwegischen Kunsthandwerker- und Künstlervereinigung repräsentiert mehr als 800 norwegische Design- und Kunstschaffende aller Bereiche unserer Zeit – garantiert originell!
Rådhusgaten 24, Sentrum, www.format.no, U-Bahn: Stortinget, Bus 60: Bankplassen, Di–Fr 12–17, Sa/So 12–16 Uhr

Kunsthandwerkerdorf
Handelsstedet Bærums Verk
außerhalb A 3
Die historische Eisenhütte Bærums Verk ist als Sehenswürdigkeit nicht nur einen Ausflug wert, sondern mit über 50 Gale-

Wer hier nicht fündig wird, ist selbst schuld: Sonntagsmarkt in Blå

rien und Kunsthandwerksläden eine der ersten Shoppingadressen in der Osloer Region. Das Angebot ist enorm, die Atmosphäre sehr angenehm. Im Advent, wenn das Dorf festlich geschmückt ist, gibt es kaum einen stimmungsvolleren Ort zum Einkaufen.

Außerhalb, Bærums Verk, www.baerumsverk.no, Bus 753 (alle 30 Min., 60 Min. Fahrzeit) oder 143 (alle 30 Min., 45 Min. Fahrzeit) ab Busbahnhof bis Bærums Verk, Mo–Fr 10–20, Sa 10–18 Uhr

Hausfleiß-Shopping

Heimen Husflid Karte 2, H 4

Das Konzept ist dasselbe wie bei Den Norske Husfliden. Insgesamt stehen hier über 3600 Artikel ›made in Norway‹ zum Verkauf, darunter auch Schuhe und Mode, Schmuck und Haushaltsartikel, Schnitzereien, Trachten und Rosenmalereien.

Rosenkrantz gate 8, Sentrum, www.heimen.net, U-Bahn 1–5: Stortinget, Mo–Fr 10–18, Sa 10–16 Uhr

Schönes aus dem Norden

Norway Designs Karte 2, H 4

Dieses 850 m² große Kaufhaus ist der Beweis für den weltweiten Ruhm nordischen Designs. Eine ganze Reihe Geschäfte setzt seit 50 Jahren den Schwerpunkt auf norwegische, nordische und europäische Kunst- und Gebrauchsgegenstände. Aber Achtung: Die Preise sind nicht ganz ohne und die feilgebotenen Waren alle ach so wunderschön. Aber bereits das Gucken lohnt sich.

Stortingsgata 28, Sentrum, www.norwaydesigns.no, Tram 13, 15, 19: Nationaltheatret, Mo–Sa 10–18, Do 10–19 Uhr

Ausschließlich norwegisch

Pur Norsk F 1/2

Ob echte Designerstücke, Mitbringsel für die Kleinen oder Kurioses für die Liebsten – hier, wo ausschließlich norwegische Produkte vertrieben werden, wird man sicher fündig. Das Besondere an diesem Geschenkeshop ist, dass man über die Geschichte eines jeden Stückes informiert wird.

Industrigata 36, Majorstuen, www.purnorsk.no, U-Bahn: Majorstuen, Mo–Fr 10–18, Do 10–19, Sa 10–16 Uhr

Mode, Accessoires

Design für die Frau

Design Forum Karte 2, J 4

Ob Alltagskleidung oder Festtagsfummel, ob Schuhe, Handtaschen oder Schmuck: Hier bekommt Frau jedweden Alters alles aus norwegischer Designerhand, produziert in Dänemark aus umweltfreundlichen Naturmaterialien. Auch Glas- und Keramikprodukte sind im Angebot.

Kongens gate 22, Sentrum, www.designforum.no, Tram 12, 13: Kongens gate, Mo–Fr 10–18, Do 10–19, Sa bis 16 Uhr

Unbedingt angucken: Schaufenster von ›Norway Designs‹

Alles aus Norge

Oslo Sweater Shop H 3

Ob Strickjacken oder Pullover, Lederjacken oder Schuhe, Bücher, Trolle, Flaggen, Souvenirs und vieles andere mehr: Nirgends sonst im Norden gibt es eine derartig umfassende Auswahl an Norwegen-Produkten.

Tullins gate 5 (Radisson Blu Scandinavia-Hotel), www.sweater.no, Straßenbahn 17: Holbergs plass, Mo–Fr 10–18, Sa/So 11–16 Uhr

Elegante Mode

Paléet Shopping Galleri
Karte 2, H 4, ► S. 22

Schmucke Stücke

Sugar Shop F 3

Unter dem Motto »Jewellery sweet as candy« wird hier kreativer Schmuck aus Gold und Silber, Stein, Holz, Leder und Gummi, Edelsteinen und Glas, Plastik und Wolle von vorzugsweise norwegischen Designern präsentiert; die Preise liegen bei ca. 500–8000 NOK.

Briskebyveien 30, Majorstuen, www.sugarshop.no, Tram 19: Riddervolds plass, Mo 12–17, Di–Fr 12–18, Sa 11–15 Uhr

Shirts mit (An-)Spruch

Trøye (Probat) K 2

Im Probat finden Norwegenliebhaber – egal, ob weiblich, männlich, groß oder klein – die passenden (und qualitativ hochwertigen) T-Shirts, Pullover, Jutebeutel oder Postkarten jenseits des üblichen Touristenkitsches. Die Sprüche und Aufdrucke sind witzig bis zynisch und immer sehr norwegisch, etwa mit Anspielungen auf *brunost* (Karamellkäse), Elche und emanzipierte Männer. Shirts für Erwachsene kosten 299 NOK.

Thorvald Meyers gate 54, Grünerløkka, www.probat.no, Tram 11, 12, 13; Olaf Ryes plass, Mo–Fr 11–18, Sa 11–17 Uhr

Second-Hand-Heaven

UFF Karte 2, J 5

Das UFF hat zwei Geschäfte in der Innenstadt – eins am Bahnhof und das andere etwas nördlich vom Dom. Beide bieten eine schier unglaubliche Menge an gebrauchten Klamotten an, von Norwegerpullis über Blumenkrawatten bis zu Skianzügen. Der Family Store hat auch Kinderklamotten, während das Underground seinen Schwerpunkt bei Vintagemode setzt und sein Label ›uffo-design‹ – neu designte Altkleider – vertreibt. Der Erlös wird in Entwicklungsprojekte in Indien und Afrika investiert.

UFF Underground: Storgata, UFF Family Store: Jernbanetorget 2, www.uffnorge.org, Mo–Fr 11–19, Sa 11–18 Uhr

WEIHNACHTSMÄRKTE

Zwischen dem 1. und 4. Advent lädt im Stadtzentrum beim Park Studenterlunden (► S. 21) täglich von 11–20 Uhr der **Oslo Julemarked på Spikersuppa** (www.julivinterland.no, Eintritt frei) mit dutzenden Ständen und Buden ein. Größte Adventsveranstaltung ist aber der **Store Julemarked (Weihnachtsmarkt;** Eintritt 130 NOK, Familien 260 NOK) im Norsk Folkemuseum (► S. 50), der am 1. Advent sowie am 2. Adventswochenende (Sa/So) zwischen 11 und 16 Uhr mit über 100 Verkaufsständen zum Shopping einlädt. Im Freilichtmuseum ist dann so manches Haus festlich geschmückt, es laden Konzerte und Folklore-Veranstaltungen ein (u. a. tritt eine Kinder-Volkstanztruppe auf), in der Gol-Stabkirche aus dem 12. Jh. werden Weihnachtsgottesdienste abgehalten, und die Kinder können dem Julenisse (norwegischer Weihnachtsmann) in seiner Werkstatt helfen, Weihnachtsgeschenke zu basteln. Ein weiterer Weihnachtsmarkt, der **Julemarked på Blå** (► S. 103), findet am 1. bis 3. Adventwochenende (Sa/So 12–17 Uhr) in Grünerløkka am Brenneriveien statt (Straßenbahn 11, 12, 13: Schous plass, Bus 34, 54: Møllerveien).

Teures Bier und treibende Beats

Viele Osloer lieben es zu feiern, dementsprechend bunt ist das Nachtleben und mit rund 1000 Lokalen durchaus vielfältig. Die sonst eher zurückhaltenden Norweger geben sich am Wochenende gelöst und feierwütig. Das liegt auch an der Tradition des Vor- und Nachspiels.

Die populären Lehnwörter umschreiben ein den hohen Alkoholpreisen geschuldetes Ritual, bei dem im Privaten mehr oder weniger intensiv vorgetrunken wird (*vorspiel*). So kommt es, dass es ab Mitternacht vielerorts voll wird und sich lange Schlangen vor den Clubs bilden. Es empfiehlt sich also bereits gegen 23 Uhr da zu sein, außerdem wird dann vielerorts noch kein Eintritt verlangt. Wenn dann gegen 3 Uhr die meisten Lokalitäten schließen, wird häufig privat weitergefeiert (*nachspiel*).

Eine nicht unwichtige Rolle in Oslos Nachtleben spielen die sehr unterschiedlichen Altersgrenzen – zumindest für die jungen Trink- und Tanzwilligen. Jugendlichen unter 18 Jahren ist der Eintritt in erklärte Nachtlokale strikt untersagt. In etlichen Bars und Clubs kommt man erst ab 21 oder 23 Jahren, und erst ab dem reifen Alter von 26 Jahren kann man sicher sein, überall Einlass zu finden. Ausweiskontrollen sind die Regel.

Umfassend informiert die Broschüre »What's On« sowie im Web www.visitoslo.com. Tickets erhält man in den Postämtern oder online über www.ticketmaster.no.

Mit oder ohne Vor- und Nachspiel: Oslo feiert gerne.

ZUM SELBST ENTDECKEN

In der Innenstadt lockt die **Aker Brygge** mit Bars und Terrassencafés am Fjord. Das Epizentrum des Nachtlebens in der nördlichen City ist der **Youngstorget,** auch die **Rosenkrantz gate** zwischen Storting und Eidsvoll-Park und die **Karl Johans gate** sind ein Szenetreff in Downtown. Und rings um den **Stortorvet** finden sich Jazz- und Bluesclubs. Das gut situierte Publikum trifft sich im Westend-Viertel **Majorstua** – insbesondere auf **Bogstadveien** sowie **Hegdehaugsveien** herrscht reges Leben bis in die frühen Morgenstunden. Die junge alternative Szene hat sich im Künstlerviertel **Grünerløkka** etabliert. Hauptmeilen sind die **Thorvald Meyers gate** und der **Olav Ryes plass.** Auch weiter flussabwärts in **Grønland** finden sich Jahr für Jahr mehr Bars und Pubs.

BARS UND KNEIPEN

Retro lässt grüßen

Bar Boca K 2

Die mit einem halben Dutzend Tischen kleinste, wie es heißt auch coolste Bar des Viertels, präsentiert sich im Stil der 1950er-Jahre, und dies oft auch musikalisch. Man pflegt eine angenehme Atmosphäre und steht im Ruf, nicht nur die meisten (über 80), sondern auch die besten Cocktails der Stadt zu servieren. Das Preisniveau ist moderat.

Thorvald Meyers gate 30, Grünerløkka, Facebook, Straßenbahn 11, 12, 13: Olaf Ryes plass, tgl. ab 12 bis mind. 1 Uhr, abends Altersgrenze 22 Jahre

Kickers Traum

Bohemen Karte 2, H 4

Insbesondere für Fußballfans gibt es kein Pendant zu dieser Sportsbar, in der auf insgesamt acht gigagroßen Bildschirmen live übertragen wird, was von Bedeutung für den norwegischen Kicker ist: Der ist traditionell eher am britischen denn am deutschen Fußballgeschehen interessiert.

Arbeidergata 2, Sentrum, www.bohemen.no, U-Bahn: Stortinget, Mo–Do 14–0.30, Fr 14–2, Sa 13–2, So 14–23.30 Uhr, abends Altersgrenze 20 Jahre

Cidre vom Fass

Himkok Karte 2, J 4

Himkok bedeutet im *trøndelag*-Dialekt so viel wie ›zu Hause hergestellt‹. Damit ist nicht Bier gemeint, hier steht selbstgemachter Cidre vom Fass im Mittelpunkt. Vergessen ist die süße Plörre aus dem Supermarkt nach einem Schluck Apfelschaumwein mit Hopfen, Cayennepfeffer oder, oder, oder. Wegen der offenen, großzügigen Bauweise und vielen Heizstrahlern darf man überall rauchen und friert trotzdem nicht.

Storgata 27, Sentrum www.himkok.no, Tam 11, 12, 13, 17, Bus 30, 31: Brugata, Fr/Sa 15–3, So–Do 17–3 Uhr

You name it, we have it

Lorry G 3

Die wahrscheinlich ausgefallenste Kulturinstitution Norwegens, gleicherma-ßengleichermaßen beliebt bei Politikern und Punks, Arm und Reich, Jung und Alt. Da baumeln Fahrräder über Surrealistischem von Miró, blicken pausbäckige Engel auf ausgestopftes Großwild; hier ein alter Lederstiefel, dort eine russische Ikone. Im einzigen Theatercafé wird norwegische Hausmannkost (Hauptgerichte ab 243 NOK) serviert, ein echter Tipp ist die Fischsuppe. 129 (!) Biersorten, eine üppig bestückte Weinkarte und last but not least eine provenzalisch inspirierte Terrasse, auf der man sich dank Fußbodenheizung und Wärmelampen auch im tiefsten Winter entspannt dem Rauchgenuss hingeben kann.

Parkveien 12, Frogner, T 22 69 69 04, www.lorry.no, Straßenbahn 11: Welhavens gate, Mo 11–1, Di–Sa 11–3.30, So 12–1 Uhr, abends Altersgrenze 23 Jahre

N
NOCH WAS

Café, Kneipe oder Club – die Übergänge sind fließend und sich nicht selten befindet sich alles in ein und derselben Lokalität. Gediegenes Teeschlürfen tagsüber und enthemmtes Körperschütteln in der Nacht sind keine unvereinbaren Gegensätze in Oslo. Hat ein Restaurant oder Café bis 1 oder 3 Uhr morgens geöffnet, dann werden die Betreiber höchstwahrscheinlich versuchen, mit guter Musik und alkoholischen Getränken das Publikum zum Bleiben oder Tanzen zu animieren.

Gemütlicher Industriecharme

Oslo Mekaniske Verksted K 4

Die alten Werkhallen der mechanischen Fabrik geben den stimmungsvollen Rahmen für diese rustikale Bar, die sich zu *dem* Treff im Stadtviertel gemausert hat. Dort eine Sitzgruppe in einem grob gemauerten Ziegelsteinerker, hier gemütliche Sessel rings um einen großen Rauchfang mit prasselndem Feuer, hier eine Graffiti-Wand, dort eine Skulptur aus Indien und im Sommer eine große Wiese mit Platz für über 150 Personen zum Draußensitzen. Man fühlt sich wohl, und das auch der freundlichen Preise wegen.

Tøyenbekken 34, Grønland, www.oslomekaniskeverksted.no, U-Bahn 1: Grønland, Mo–Fr 15–2, Sa/So 13–2 Uhr, abends Altersgrenze 23 Jahre

Kneipen-INstitution
Café Sara K 3

Multikönner: Café, Restaurant, Pub – das Sara brilliert in allen drei Rollen. Es ist einer dieser besonderen Wohlfühl-Orte, wo die Gesetze der Zeit nicht gelten. Man schaut auf einen Kaffee vorbei, bleibt wegen der urig-freundlichen Atmosphäre, isst dann noch was (Küche bis 2.45 Uhr!) und stellt plötzlich beim Rausstolpern fest, dass es draußen schon dunkel ist. Unbedingt den coolen Innenhof auschecken.

Hausmanns gate 29, www.cafesara.no, Sentrum, Bus 34, 54: Jakob Kirke/Calmeyers gate, tgl. 11–3.30, So ab 13 Uhr, Altersgrenze 20 Jahre

Auf zum Gipfelsturm
Summit 21 H 3

Die 21 steht für den 21. Stock des Radisson Blu Scandinavia-Hotels, und es gibt keine Bar in Oslo mit einem vergleichbaren Panorama! Das nordisch-chique Businessambiente kann latent einschüchternd wirken, trotzdem sollte man hier einfach mal (z. B. zum Sonnenuntergang) gesessen und gestaunt haben und dies auch über die Preise, die viel normaler sind, als man bei solcher Top-Adresse glauben würde. Männer sollten die Herrentoilette nicht verpassen, deren Pissoirs so angeordnet sind, dass man das Gefühl hat, auf Oslo hinabzupinkeln.

Holbergs gata/Radisson Blu Scandinavia-Hotel, Sentrum, Mo–Do 16–1, Fr/Sa bis 2, So 18–24 Uhr, Straßenbahn 11, 17, 18: Holbergs plass, Altersgrenze abends 25 Jahre

Welcome to the jungle!
Torggata Botaniske J/K 3

Bereit für die verzaubernde Welt des Botaniske? Grüne Kletterpflanzen ergießen sich von den hohen Wänden und schaffen mit dem warmen Licht der antiken Kronleuchter eine ganz besondere Atmosphäre. Dazu schmissige Oldies, dass man immer mitschnipsen möchte. Im extra temperierten Gewächsraum werden die pflanzlichen Cocktailgarnituren gezüchtet, die man anschließend im eigenen Glas bestaunen und schmecken kann. Es gibt selbstverständlich auch Bier und Wein, aber hier wird die Kunst guter Cocktails zelebriert.

Torggata 17B, Sentrum, Bus 34, 37, 54 Hammersborggata, So–Do 17–1, Fr/Sa 14–3 Uhr, Altersgrenze 23 Jahre

Die franko-kanadische Band Simple Plan beim Livekonzert im ›Rockefeller‹

MIKROBRAUEREIEN

In den vergangenen Jahren hat sich eine äußerst lebendige Szene von handwerklichen Brauereien etabliert und bereichert seitdem die Bierlandschaft Oslos mit vielen verschiedenen und schmackhaften Alternativen zu den Standardsorten aus dem Supermarkt.

Schouskjelleren Mikrobryggeri K 3
Die Brauerei schenkt über 60 verschiedene Biere im gemütlchen Gewölbekeller aus.
Trondheimsveien 2, Grünerløkka, Facebook

BrewDog Grünerløkka K 3
Ableger der berühmten schottischen Brauerei, 20 Craft-Biere vom Fass.
Markveien 57, Grünerløkka, www.brewdog.com

Crowbar & Bryggeri K 3
Oslos größte Mikrobrauerei mit einer Vielfalt an eigenen und fremden Bieren.
Torggata 32, Sentrum

Himkok Karte 2, J 4
Auch hier bekommt man Getränke aus Eigenproduktion, allerdings nicht Bier, sondern Apfel-Cidre.
Storgata 27, Sentrum, www.himkok.no, ► S. 105

Oslo Mikrobryggeri G 2
Bereits 1989 öffnete die OMB als erster Brau-Pub seine Tore und bietet seidem selbstgebrautes anderes Craft-Bier an.
Bogstadveien 6, Frogner, www.omb.no

Grünerløkka Brygghus K 2
Gastropub mit 22 Bieren vom Fass und rund 100 internationalen Marken aus der Flasche.
Thorvald Meyers gate 30B, Grünerløkka, www.brygghus.no

Café Laundromat G 2
Die Bar in dem Waschsalon ist eine der bestausgestattesten der Stadt: Fassbiere und an die 100 Flaschenbiere, u. a. alle größeren norwegischen Craft-Biere.
Underhaugsveien 2, St. Hanshaugen, ► S. 96

LIVEMUSIK

Am Sound-Puls der Stadt

Cosmopolite außerhalb K 1
Versteht sich als Treff für alle an Musik und Kultur Interessierten, unabhängig vom politischen, religiösen und kulturellen Hintergrund, und gilt heute als eine der wichtigsten Bühnen der Stadt für Jazz und World Music. Aber Klassik, Pop und Rock stehen auf dem Programm, zudem gibt es Tango- und Salsa-Tage, Eintritt 175–400 NOK.
Vogts gate 64, Sagene, www.cosmopolite.no, Straßenbahn 11, 12, 13 oder Bus 20, 30: Torshov, tgl. wechselnde Öffnungszeiten, je nach Veranstaltung, Altersgrenze 18/20 Jahre

Alternativ-Institution

Mir K 2
In einem Hinterhof versteckt liegende und daher fast nur Eingeweihten bekannte, nicht kommerzielle Kulturorganisation mit viel alternativem Grünerløkka-Charme. Oft treten lokale Bands auf, und da sich in dem Gebäude auch mehrere Galerien sowie Studios für Film, Musik und Kunst nebst Workshops befinden, ist spannende Unterhaltung garantiert. Kostenloser Kicker im Keller.
Toftesgate 69, Grünerløkka, www.lufthavna.no, Straßenbahn 11, 12, 13: Schous plass, tgl. 18–1 Uhr, abends Altersgrenze 20 Jahre

Oslos kleine Rockperle

Revolver J 3
In der 1. Etage gibt's Rock aus der Konserve, Getränke und ein Taco Restaurant (eher mittelmäßig), um die Ecke im Kellergeschoss befindet sich der eigentliche Club mit Supertanzstimmung ab etwa 23 Uhr, so nicht Livekonzerte einladen (mehrmals die Woche, Eintritt um 175–200 NOK); das Publikum ist jung, viele Studenten.

Møllergata 32, Sentrum/Hammersborg, www.revolveroslo.no, Bus 30, 31, 34, 54: Brugata, tgl. 18–3.30 Uhr, Fr/Sa schon ab 16 Uhr, Altersgrenze So–Do 20, Fr/Sa 23 Jahre (Konzerte: generell 20)

Oslos Konzertarena
Rockefeller Karte 2, J 3/4
► S. 25

Angriff aufs Trommelfell
Rock In Karte 2, H 4
► S. 28

Cocktails mit Tarantino-Touch
Gunnars Generasjonsbar
Karte 2, J 4
► S. 25

Just Rock
Last Train Karte 2, H 4
► S. 28

TYPISCH OSLO – JAZZ

Jazzcafé
Bare Jazz Karte 2, J 4, ► S. 99

Jazztempel mit Geschichte
Blå K 3
Laut Eigendarstellung ist dieser in einer ehemaligen Spinnerei am Ufer der Akerselva untergebrachte Club zuständig für »live & contemporary, jazz and related sounds«. Kaum ein Abend, schon gar kein Wochenendabend, ohne Live-Konzerte. Aber auch für experimentelles Theater, Kabarett, Dichterlesungen und andere Kulturevents ist das ›Blau‹ die Topadresse im Viertel, im Sommer auch wunderbar zum Draußensitzen.

Brenneriveien 9, Grünerløkka, www.blaaoslo.no, Straßenbahn 11, 12, 13: Schous plass oder Bus 34, 54: Møllerveien, tgl. bis 3.30 Uhr, im Sommer Gartenlokal tgl. 12–24 Uhr, Altersgrenze 20 Jahre

Treff für Gays und Lesben
Ett Glass Karte 2, H 4
Tagsüber ist das Lokal ein populäres Restaurant und modernes Café mit softiger Jazz- und Acid-Jazz-Untermalung, abends ein angesagter Treff für Gays und Lesben, samstags (ab 22 Uhr) Disco; sehr gepflegte und relaxte Atmosphäre.

Karl Johans gate 33 (Eingang: Rosenkrantz gate 13), Sentrum, www.ettglass.no, U-Bahn: Stortinget, So–Di 11–1, Mi–Sa bis 3 Uhr, abends Altersgrenze 20 Jahre, Wochenende 23 Jahre

KINOWELTEN

In Oslo-Sentrum gibt es rund zehn Kinohäuser, und wie in ganz Skandinavien werden auch hier nur die allerwenigsten ausländischen Filme synchronisiert, weshalb nicht nur im Fernsehen, sondern auch im Kino die (meist englischsprachigen) Originalversionen gezeigt werden – mit norwegischen Untertiteln. Ein Muss für Cineasten ist das **Colosseum** (E 1) am Fridtjof Nansens vei 6 (U-Bahn 1: Majorstuen), das mit dem monumentalen Kuppeldach eine Landmarke im Stadtteil Frogner/Majorstua ist und mit rund 1000 Sitzplätzen als eines der größten THX-Kinos der Welt gilt. Der Sound ist schlicht göttlich, die Breitband-Filmqualität hat kein Pendant in Oslo, und gezeigt werden die neuesten Groß-Streifen Mo–Fr 7.30–21.15, Sa/So 11–21.15 Uhr. Über das Kinoprogramm kann man sich bei www.oslokino.no informieren. Dort kann man auch Tickets online kaufen. Unter www.cinemateket.no findet man unabhängige Kinos, die Indiefilme und Klassiker zeigen. Die Eintrittspreise liegen je nach Tageszeit und Wochentag bei 120–250 NOK für Erwachsene bzw. 90–120 NOK für Kinder.

Elegant und vielfältig
Nasjonal Jazzscene Victoria
Karte 2, H 4
Im ehrwürdigen Ambiente des ehemaligen Kinos finden mittwochs bis samstags Jazzkonzerte statt. Kleine Tische vor der Bühne, ›Couchränge‹ im hinteren Teil und Emporen am Rand, ermöglichen von überall eine gute Sicht

auf die Bühne und schaffen eine intime Stimmung im eleganten Setting. Hochkarätige, moderne Konzerte mit nationalen und internationalen Jazzmusiker aus den verschiedensten Ecken des Genres.

Karl Johans gate 35, Sentrum, T 81 53 31 33, www.nasjonaljazzscene.no, U-Bahn: Stortinget, So–Do 19–1, Fr/Sa 20–1.30 Uhr

Jazz-Institution …

Herr Nilsen Jazzclubb

Karte 2, H 4, ► S. 28

…und Jazz im alten Stil

Stortorvets Gjæstgiveri

Karte 2, J 4, ► S. 28

TANZEN

Bunter Mix

Dattera til Hagen K 4

Tagsüber ein Café und Restaurant (Sandwiches, Tapas, Burger …), wird diese Institution am Wochenende zu einem Club, wo renommierte DJs auf zwei Ebenen auflegen. Schwerpunkt ist elektronische Musik, aber auch Reggae, Folk, Pop, Jazz und Funk kommen hier zum Zug. Unter der Woche finden Konzerte, Vorlesungen, Improtheater und mehr statt. Der ultimative Treffpunkt ist der Innenhof: kunterbunt dekoriert und gemütlich, hier fühlen sich Menschen aus allen Lebenslagen wohl und das auch bei dem grauesten Wetter.

Grønland 10, Grønland, T 22 17 18 6, www.dattera.no, U-Bahn: Grønland, Mo 11–24, Di/Mi bis 1, Do bis 2, Fr/Sa 12–3, So 12–20 Uhr

»I wanna take you to the gay bar«

Elsker Karte 2, H 4

Hier findet sich ein wenig von allem: Café, Cocktailbar, Restaurant und am Wochenende wird aufgelegt. Das ›Lover‹ ist zudem ein beliebter Schwulen- und Lesbentreff, aber eben nicht nur, hier tummelt sich ein bunt-gemischtes Publikum. Im 2. Stock befindet sich der Klubb 9, wo hauptsächlich House, Elektro und Underground läuft.

Kristian IVs gate 9, Sentrum, www.elsker-oslo.no, Tram 11, 17, 18: Prof. Aschehougs plass, Do/Sa 18–3.30 Uhr

Am Puls der Szene

Fru Hagen K 2

Um ein wenig was vom Treiben im Szeneviertel mitzubekommen, gibt es keinen besseren Platz als das Pub-Restaurant Frau Hagen (leckere Sandwiches), urgemütlich samt flauschiger Sofas und tagsüber wie abends ein In-Treff im Viertel. Auch Straßencafé, an den Wochenendabenden DJ-Sound und Livemusik.

Thorvald Meyers gate 40, Grünerløkka, www.fruhagen.no, Straßenbahn 11, 12, 13: Olaf Ryes plass, Mo/Di 11–23, Mi/Do bis 24, Fr/Sa bis 3, So 12–23 Uhr

Dancing Oslo

Jæger Karte 2, J 4

Bei Tage ein Café, ist das Jæger viel eher bekannt als ›In‹-Disco mit bunt gemischtem Sound, allerdings mit Schwerpunkt auf elektronischer Musik von House bis Drum'n' Bass. Aufgelegt wird von norwegischen, an den Wochenenden oft auch internationalen DJs auf zwei Floors. Fr und Sa oft Livemusik, im Sommer Biergarten.

Grensen 9, www.jaegeroslo.no, U-Bahn: Stortinget, Di–Sa 15–3.30, Mo ab 20, So ab 21 Uhr, Altersgrenze Mo–Do 20, Fr/Sa 23 Jahre, Fr/Sa nach 23 Uhr Eintritt

Nachtleben im angesagten Club Jæger

Hin & weg

Ankunft

... mit dem Flugzeug
Oslo Gardermoen Lufthavn
Oslos internationaler Flughafen (OSL, www.osl.no), liegt rund 50 km nördlich des Zentrums. Auch wer aus dem EU-Ausland anreist, kann hier bei der Ankunft Duty Free einkaufen (Norwegen gehört ja nicht zur EU). In der Arrival Hall gibt es Bankschalter mit Geldautomaten, eine Infostelle der Touristeninformation, einen Taxischalter nebst Büros diverser Mietwagenfirmen.

... mit dem Zug
Flughafenzug Flytoget
Mit ihm kommt man am schnellsten in die Stadt: Der Airport-Express-Zug braucht 20 Min. zum Hauptbahnhof (www.flytoget.no, 10–20-Min.-Takt, Erw. 196 NOK). Fast genauso schnell, aber günstiger geht es mit den Zügen der NSB (Norwegian State Railways, www.nsb.no): Die 23-minütige Fahrt ins Zentrum kostet 105 NOK.

Oslo-Pass

Mit dem Oslo-Pass bekommt man u. a. freien Eintritt in die meisten Museen und Sehenswürdigkeiten, kann alle öffentlichen Verkehrsmittel sowie öffentlichen Parkplätze kostenlos benutzen, erhält Ermäßigungen im größten Freizeitpark des Landes ebenso wie in manchen Restaurants und Geschäften. Man bekommt den Pass über die Auskunftstellen der Stadt, auch online, bei den meisten Hotels sowie bei den Narvesen-Kiosken in Oslo. Er kostet für Erwachsene 445 NOK (Kinder 235 NOK) für 24 Std, 655 NOK für 48 Std. (325 NOK), 820 NOK für 72 Stunden (410 NOK). Sinnvoller kann man als Oslo-Besucher sein Geld kaum anlegen.

... mit dem Bus
Flybussen (SAS Flughafenbus)
Der Flughafenbus braucht ca. 45 Min. (www.flybussen.no, alle 30 Min., 196 NOK) und hält anders als die Züge an sehr viel mehr Stopps – auch in der Stadt. Der FB1 fährt nach Majorstuen, der FB2 ins Zentrum via Busterminal, der FB5 ins Zentrum via Bislett.

Touristeninformationen

Oslo Visitor Center: 🕮 Karte 2, J 4, Am Bahnhof in der Østbanehallen, T 23 10 62 00, www.visitoslo.com, Mai–Juni tgl. 9–18, Juli/Aug. Mo–Sa 8–19, So 9–18 Uhr, sonst Mo–Sa 9–17, So 10–16 Uhr.
Infos u. a. zu Oslo, Geldwechsel, Hotelbuchung, Verkauf des Oslo-Pass, Buchung von Stadtrundfahrten, Konzerttickets, Vermittlung von Privatzimmern.

Oslo im Internet

Die größte Internetdichte im gesamten Land verzeichnet Oslo, entsprechend ist fast jedes Unternehmen der Tourismusbranche mit einer eigenen Website vertreten.
WLAN: Mittlerweile gibt es in fast jedem Hotel, Restaurant und Café kostenloses WLAN. An großen öffentlichen Orten wie dem Flughafen und dem Bahnhof werden zudem kostenlose Hotspots angeboten.
www.clickwalk.com: Laut Eigendarstellung zeigt die Website als weltweit erste auf Panoramafotos basierende Visual Reality, Oslo kann im Rahmen von 650 Panoramen ›begangen‹ werden.
www.use-it.travel: Eine virtuelle Touristeninfo für junge Reisende mit wertvollen Tipps auf einem Stadtplan zum Downloaden. Das Exemplar aus Papier gibt es in ihrem Büro in der Møllergata 3. ›Brandaktuelle‹ Infos gibt es auf ihrer Facebookseite.

Umweltfreundliches Oslo: Elektroautos parken umsonst.

www.osloqueer.blogspot.de und **www.visitoslo.com/de/ihr-oslo/oslo-fur-schwule:** Diese beiden Seiten bieten eine Fülle an Informationen über die LGBTI-Community, ihre Partys, Locations und Veranstaltungen.

APPS

www.visitoslo.com/de/oslo/apps: Oslo hat 2012 eine kostenlose App für iPhone, iPad und Android etc. lanciert, verfügbar auch auf Deutsch, mit Informationen zu Attraktionen, Sightseeing, Restaurants, Events, Unterkunft usw.
BeerinOslo: Eine App, über die Bierpreise in Pubs und Bars in Erfahrung gebracht werden kann.
Oslo Bysykkel: Diese App zeigt, wo sich die nächsten Stadtfahrräder-Stationen befinden.

REISEN MIT HANDICAP

Das Fremdenverkehrsamt gibt unter der Website **www.visitoslo.com** (Untermenü ›Praktische Hinweise, Zugänglichkeit‹) nützliche Infos für Menschen mit Behinderungen auf Deutsch.

SICHERHEIT UND NOTFÄLLE

Oslo gilt als sichere Stadt, aber wie in jeder Großstadt sollte der gesunde Menschenverstand eingesetzt werden: Keine Wertsachen im Auto liegen lassen, auf die Brieftasche achten ect. Die Gegend um den Bahnhof sollte, genauso wie das Viertel Grønland, nachts gemieden, bzw. mit Vorsicht genossen werden.
Wichtige Notrufnummern
Krankenwagen, Notarzt: T 113, **Polizei:** T 112, **Feuerwehr:** T 110 (aus Telefonzellen und von Mobiltelefonen immer kostenfrei)
Sperr-Notrufnummer: Für Kredit-, Bankkarten und Handys: 0049 116 116
Diplomatische Vertretungen: Deutschland T 23 27 54 00, www.oslo.diplo.de; Österreich T 22 54 02 00, www.bmeia.gv.at/oeb-oslo/; Schweiz T 22 54 23 90, www.eda.admin.ch/oslo

UMWELTFREUNDLICH UNTERWEGS

Öffentliche Verkehrsmittel
U-Bahn (T-bane): sechs Linien in Ost-West-Richtung, Scheitelstation ist Stortinget (Parlament).

OSLO PER RAD

Die norwegische Hauptstadt ist sehr fahrrad-freundlich. An rund 300 Fahrradständern (alle zu finden unter www.oslobysykkel.no) stehen in der ganzen Stadt die *bysykkel* ›Stadtfahrräder‹) bereit (diese sind blau gestrichen, vier Gänge, Einkaufskorb am Lenker). Inhaber einer Smartcard können sie für jeweils 3 Std. kostenlos nutzen. Diese Karte kostet für Touristen z. B. 399 NOK für die gesamte Saison und ist über die Touristeninformation zu beziehen. Nach Ablauf der Leihdauer stellt man das Rad einfach an einem beliebigen Fahrradständer ab und kann sich sogleich ein neues nehmen. Informationen unter www.visitoslo.com, Stichwort ›Transport‹/›Oslo Bysykkel‹.

Fahrradverleih & geführte Touren: Viking Biking, Nedre Slottsgate 4, www.vikingbikingoslo.com
Oslo eignet sich auch für längere Touren. Populär sind u. a. die Fahrten am Akerselva-Ufer entlang (▶ S. 58), rund um Bygdøy (▶ S. 49) oder hinauf nach Holmenkollen (▶ S. 70. Die Website www.visitoslo.com stellt unter dem Suchbegriff »Radtouren in Oslo« gleich fünf Routen ausführlich vor, alle Fahrradwege/-routen der Stadt sind in der »Sykkelkart Oslo« (3 Blätter) verzeichnet, die man über die Seite des Touristenbüros oder über www.bymiljoetaten.oslo.kommune.no/trafikk_og_samferdsel, Stichwort »Sykkel« ▶ Sykkelkart downloaden bzw. auch als App abrufen kann.

Straßenbahn/Tram (Trikk): sechs Linien in Ost-West-Richtung
Bus: 70 Linien, Hauptstation Sentralstasjon (Bahnhof) sowie Nationalteatret (Nationaltheater)
Fähren: Mitte März–Mitte Okt. nach Bygdøy (60 NOK, ab Rathaus) und zu Inseln im Oslofjord (ab Rathaus)
Die Tickets sind für alle Transportmittel gültig (abgesehen von der Bygdøy-Fähre). 56 NOK für eine Fahrt inkl. Umsteigen (max. 1 Std.) zahlt man beim Fahrer, 36 NOK an Automaten, eine Tageskarte kostet 108 NOK, die Wochenkarte 285 NOK. Inhaber des Oslo-Passes (▶ S. 110) fahren generell kostenlos, ebenso Kinder unter vier Jahren; Jugendliche bis 16 Jahre sowie Senioren über 67 Jahre zahlen die Hälfte.
Zentral-Information Ruters kundesenter: direkt vor dem Hauptbahnhof, Jernbanetorget 1 (sowie in der

Ankunftshalle des Flughafens Gardermoen), Mo–Fr 7–20, Sa/So 8–18 Uhr. Fahrpläne und Verkauf aller Tickets.
Online-Fahrplanauskunft: www.ruter.no (auch in Englisch). Gibt man im Reiseplaner (linke Seite) Abfahrts- und Zielort (auch mit Hausnummer) ein, erfährt man genau, mit welchem Transportmittel man wann und wie schnell hinkommt, und wie weit man von der Haltestelle zum Ziel laufen muss.
Service-Telefon: T 177, tgl. bis 23 Uhr, auch auf Englisch.

Leihwagen
Die Büros der bekannten Mietwagen-Firmen befinden sich am Flughafen, beim Hauptbahnhof sowie im Stadtzentrum. Günstiger mietet man über Rent A Wreck (www.rent-a-wreck.no, T 23 37 59 49) am Flughafen sowie im Zentrum.

Taxi
Taxis sind zahlreich, aber teuer (tagsüber: Startgebühr 43 NOK, nachts und am Wochenende teurer). Auf der Straße stoppt man sie, ansonsten gibt es im Stadtbereich rund 80 Halteplätze. Taxiruf: z. B. OsloTaxi, T 023 23 oder über ausländische Handys +47 22 38 80 90

STADTRUNDFAHRTEN

Wer eine **klassische Stadtführung** wünsch, wendet sich am besten an die Touristeninformation (► S. 110).
Die traumhafte Lage von Oslo genießt man am besten im Rahmen von **Fjordfahrten** (► S. 84). Populär sind die Stadtwanderungen mit **Oslo City & Nature Walks** (► S. 41), die englische Führungen zu Themen wie »Die Geschichte des Alkohols«, »Vogelgesänge« und »Naturspaziergänge« anbieten.
Viermal täglich läuft ein traditionelles **Segelschiff** die Stopps Rathaus-Oper-Bygdøy an, die Hop-on-Hop-off-Tickets kosten für Erwachsene 225, für Kinder 112 NOK (www.nyc.no).
Das Hop-on-Hop-off-Konzept gibt es auch mit **offenen Doppeldeckerbussen**, die von April bis Ende Sept. zu den Highlights der Stadt führen. Im Halbstundentakt verkehren sie ab dem Nationaltheater (360 NOK, inkl. Audioguide auch auf Deutsch, Kinder 180 NOK) mit Zustieg an allen 19 Stationen; das Ticket ist 24 Std. gültig.
Wer wenig Zeit hat, wird evtl. an **geführten Sightseeingtouren** zu Fuß und im Bus teilnehmen, die rund ums Jahr tgl. um 10.30 Uhr am Rathaus starten; u. a. Oslo Panorama, 300/150 NOK. Infos unter: H.M.K. Sightseeing, T 22 78 94 00, www.hmk.no.
Einen besonderen Blick auf die Stadt vom Fjord bieten **Oslo Kayak Tours** (► S. 40) an.
Oder Oslo im Laufschritt erkunden? **Oslo Running Tours** (www.oslorunningtours.com) bietet einstündige Laufrunden (ca. 8 km) für 400 NOK (2 Pers. 600 NOK).
Wer die Stadt lieber mit dem Fahrrad zu erkunden wünscht, sollte sich an **Viking Biking** (www.vikingbikingoslo.com) wenden; z. B. Oslo Highlights, tgl. 14 Uhr, 395/210 NOK.

Toller Ausblick! Stadtführung per Schiff

O-Ton Oslo

Har det (bra)

Mach's gut bzw. tschüss

Takk for maten

Danke für das Essen
Absolutes Muss ist es, sich nach dem Essen zu bedanken

LA OSS DANSE

Lass(t) uns tanzen!

Utepils

Ein draußen genossenes Bier

MATPAKKE

Das gute alte ›Pausenbrot‹ ist im teuren Oslo immer eine gute Wahl

Skål

Prost!

SLUTT Å TULL!

Schluss mit dem Unsinn!

Jeg er glad i deg

Ich mag dich
Eine Liebeserklärung an Freunde

hyggelig

nett, sympathisch, gemütlich
Mein absolutes Lieblingswort

Blødkaka

Sahnekuchen
Nicht unbedingt das nützlichste Wort, aber immer gut für einen Schmunzler

Kyss meg på mandag

Küss mich am Montag
Bedeutet so viel wie »Du kannst mich mal …«

Hinweis:
Im norwegischen Alphabet stehen Å, Æ und Ø ganz am Schluss hinter dem Buchstaben Z. Hier im Register sind diese Sonderbuchstaben wie A, AE und Ö ins Alphabet einsortiert.

Das Klima im Blick

Reisen bereichert und verbindet Menschen und Kulturen. Wer reist, erzeugt auch CO_2. Der Flugverkehr trägt mit bis zu 10 % zur globalen Erwärmung bei. Wer das Klima schützen will, sollte sich – wenn möglich – für eine schonendere Reiseform entscheiden oder die Projekte von atmosfair unterstützen. Flugpassagiere spenden einen kilometerabhängigen Beitrag für die von ihnen verursachten Emissionen und finanzieren damit Projekte in Entwicklungsländern, die dort den Ausstoß von Klimagasen verringern helfen (www.atmosfair.de). Auch die Mitarbeiter des DuMont Reiseverlags fliegen mit atmosfair!

Abbildungsnachweis

Marie Banck, München: S. 12/13
Fotolia, New York (USA): S. 120/5 (Juulijs); 120/1 (nanisimova)
Getty Images, München: S. 72 (Mats Anda); 49 (Massimo Borchi/Atlantide Phototravel); 52 (Roberto Conte); 93, 103 (Morten Falch Sortlan); 88 (JongYoung Kim); 42 (Svein Nordrum); 120/8 (David Redfern); 120/6 (Silver Screen Collection); 73 (Bo Zaunders)
Glow Images, München: S. 35 (imagebroker)
John Hicks, Somerset (GB): S. 53
Huber-Images, Garmisch-Partenkirchen: Titelbild, Faltplan (Croppi Gabriele); S. 46 o. (Natalino Russo)
Roland Irek, Seelze: S. 25, 104
iStock.com, Calgary (CA): S. 4 u. (Morten Normann Almeland); 7, 20, 113 (Anna Bryukhanova); 4 o., 86 (Ekely); 8/9 (William Fawcett); 39 (TomasSereda)
laif, Köln: S. 82 (Fautre/Le Figaro Magazine); 36, 70, 85 (Max Galli); 14/15, 16/17 (Ilja C. Hendel); 97, 111 (Suse Multhaupt); 43, 54 (Obie Oberholzer); 46 u., 78/79 (Bertrand Rieger/hemis.fr); 62 (Frank Siemers); 33, 58, 66/67, 91 (Berthold Steinhilber); 120/9 (Solve Sundsbe/The Royal Court/GAMMA); 26, 60, 109 (Fabian Weiss)
Mauritius Images, Mittenwald: S. 80 (360b/Alamy); 112 (age/Carlos S. Pereyra); 69 (Archivart/Alamy); 56 (Luis Dafos/Alamy); 75 (Folio Images RF/Andreas Palmén); 98 (Peter Forsberg/Alamy); 23 (Cindy Hopkins/Alamy); 90 (Images & Stories/Alamy); 37 (Jackie-traveller Oslo/Alamy); 102 (Kim Kaminski/Alamy); 120/3 (Pako Mera/Alamy); 51 (Prisma Bildagentur AG/Alamy); 94 (Dirk Renckhoff/Alamy); Umschlagklappe hinten (Richardson/Alamy); 48, 64, 76, 101 (Grethe Ulgjell/Alamy); 120/4 (United Archives)
Nytt Nasjonalmuseet, Oslo (NOR): S. 29 (MIR/Statsbygg); 31 (Guicciardini & Magni Architetti)
picture-alliance, Frankfurt a. M.: S. 120/7; 24, 106 (citypress 24); 120/2 (Sigrid Harms); 45 (ZB/Jens Büttner)
Zeichnungen S. 2, 11, 34, 41, 44: Gerald Konopik, Fürstenfeldbruck
Zeichnung S. 5: Antonia Selzer; Lörrach

Kartografie

DuMont Reisekartografie, Fürstenfeldbruck

Umschlagfotos

Titelbild: Das Osloer Opernhaus im Abendlicht
Umschlagklappe hinten: Osloer Henrik-Ibsen-Projekt »Feinkultur auf Straßenniveau«

Hinweis: Autorin und Verlag haben alle Informationen mit größtmöglicher Sorgfalt geprüft. Gleichwohl sind Fehler nicht vollständig auszuschließen. Alle Angaben erfolgen ohne Gewähr. Bitte schreiben Sie uns! Über Ihre Rückmeldung zum Buch und Verbesserungsvorschläge freuen sich Autorin und Verlag:

DuMont Reiseverlag, Postfach 3151, 73751 Ostfildern,
info@dumontreise.de, www.dumontreise.de

FSC
www.fsc.org
MIX
Papier aus verantwortungsvollen Quellen
FSC® C124385

2., aktualisierte Auflage 2019

Autorin: Marie Helen Banck (unter Verwendung von Texten von Michael Möbius und Annette Ster)
Redaktion: Sabine Zitzmann-Starz, Sebastian Schaffmeister
Bildredaktion: Stefan Scholtz
Grafisches Konzept: Eggers+Diaper, Potsdam
Printed in China

Kennen Sie die?

9 von 660 987 Osloern

Tigerstatue
Symbol der Tigerstadt, einer der meist fotografiertesten Osloer und Klettergerüst für Kinder

Gro Harlem Brundtland
Dreimalige norwegische Ministerpräsidentin, Generaldirektorin der WHO, UN-Sondergesandte, Landesmutter und vieles mehr

Jo Nesbø
Keiner beschreibt die Stadt so beklemmend wie der Krimiautor.

Wencke Myhre
Ja, die »Er hat ein knallrotes Gummiboot«-Sängerin kommt aus Oslo.

Fridjof Nansen
Erforschte er nicht gerade die Polarregionen, so bestimmte er die Osloer Politik entscheidend mit.

Sonja Henie
6-mal Europameisterin, 10-mal Weltmeisterin und 3-mal Olympiasiegerin – die erfolgreichste Eiskunstläuferin in der Geschichte

A-ha
Die bekannteste norwegische Popband

Karin Krog
Sie gilt als die norwegische Stimme des modernen Jazz.

Haakon von Norwegen
Der charismatische Kronprinz ist *der* Osloer.